本书得到国家文物保护专项经费资助

敦煌南湖乡林场出土
东汉铜牛车保护修复报告

杨小林　陈仲陶　赵家英　王永生　编著

文物出版社

封面设计　周小玮

责任印制　陆　联

责任编辑　张晓曦

图书在版编目（CIP）数据

敦煌南湖乡林场出土东汉铜牛车保护修复报告／杨小林等编著.
—北京：文物出版社，2012.5
ISBN 978 - 7 - 5010 - 3443 - 7

Ⅰ.①敦…　Ⅱ.①杨…　Ⅲ.①铜器（考古）– 器物修复 – 敦煌市
– 东汉时代　Ⅳ.①G264.3

中国版本图书馆 CIP 数据核字（2012）第 073535 号

敦煌南湖乡林场出土东汉铜牛车保护修复报告

杨小林　　陈仲陶　　赵家英　　王永生　编著

*

文 物 出 版 社 出 版 发 行

（北京市东城区东直门内北小街 2 号楼）

http：//www. wenwu. com

E-mail：web@ wenwu. com

北京京都六环印刷厂印刷

新 华 书 店 经 销

787 × 1092　1/16　印张：8

2012 年 5 月第 1 版　2012 年 5 月第 1 次印刷

ISBN 978 - 7 - 5010 - 3443 - 7　定价：32.00 元

图 1　铜牛车保护修复前（1）

图 2　铜牛车保护修复前（2）

图 3　车厢与车轮病害现状

图 4　车厢板与车轮变形、残缺、点蚀、表面硬结物病害现状

图 5　车辋处通体矿化、层状堆积病害现状

图 6　后车厢板正反面残缺、全面腐蚀 、表面硬结物病害现状

图 7　铜牛侧视通体矿化、裂隙、表面硬结物、瘤状物病害现状

图 8　铜牛仰视铜体矿化、层状剥离、残缺、表面硬结物、层状堆积、范土残留、瘤状物病害现状

图 9　牛后蹄通体矿化、层状剥离 、残缺 、表面硬结物病害现状

图 10　牛臀部层状堆积、范土残留、表面硬结物病害现状

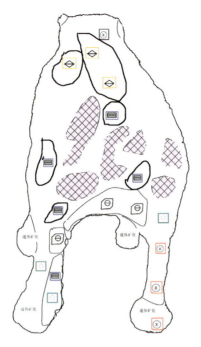

图 11　铜牛（后视图）

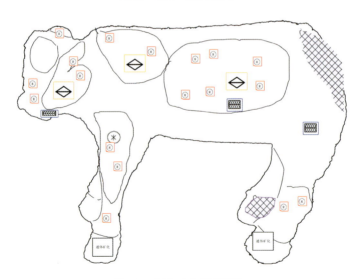

图 12　铜牛（左侧视图）

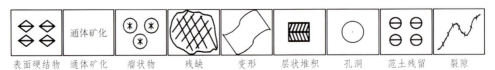

表面硬结物	通体矿化	瘤状物	残缺	变形	层状堆积	孔洞	范土残留	裂隙

比例: 1 : 2

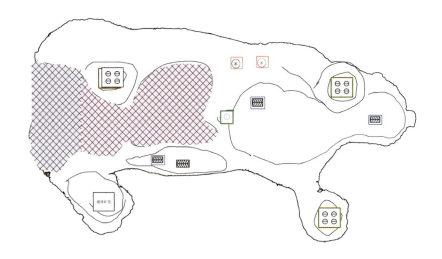

图 13　铜牛身（仰视图）

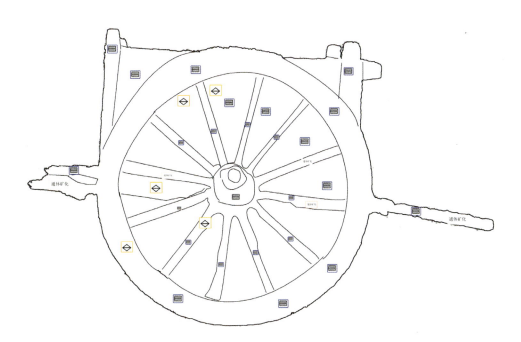

图 14　车身与轵辖（侧视图）

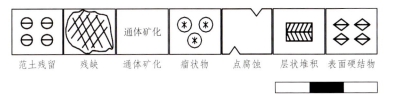

范土残留	残缺	通体矿化	瘤状物	点腐蚀	层状堆积	表面硬结物

比例：1：2

图 15　铜牛车保护修复后（1）

图 16　铜牛车保护修复后（2）

图 17　铜牛车保护修复后（3）

序

在 5000 多年的文明化进程中，中华民族创造了大量珍贵的文化遗产，种类繁多、数量丰富。这些宝贵遗产是历史与社会发展的见证，是文化认同的标志，是提高创新能力的源泉，也是研究我国古代历史、文化和科技的重要实物资料。

馆藏文物是文化遗产的重要组成部分，是博物馆事业可持续发展的重要资源和物质基础，更是祖先留给我们和子孙后代的宝贵财富。截至 2011 年，经文物行政部门年检备案的各级、各类博物馆共有 3415 座，藏品达 2800 余万件（套）。由于所处环境和人为因素的长期影响，加之自身材质脆弱、老化等原因，文物腐蚀损失状况十分严峻。据统计，近 50% 的馆藏文物存在不同程度的病害。科学、有效地保护好这些珍贵的文物，充分发挥其在教育、研究、展示、宣传等方面的积极作用，已成为社会各界长期关注的焦点问题。

近年来，随着认识的不断深化和保护理念的不断更新，文物保护的内涵和外延发生了巨大变化，从最初的针对受损文物进行技术处理，使病害消除、劣化现象得以控制，发展到对文物的价值认知、保护措施的实施和经营管理，涵盖了调查、研究、评估、认定、记录、展示和传承，对文物本体的保存、维护和修复，以及对相关环境的控制与治理等。文物保护已成为社会科学、自然科学、技术科学和工程技术等一切与文物保护相关的科学和技术相互渗透融合的交叉学科。

每一次的文物保护修复都是一个对文物价值再认知的过程，是一个对保存状况再评估的过程，也是一个理念、技术与保护实践相印证的过程。修复报告作为文物保护修复工作的重要组成部分，是对文物信息和保护修复过程的忠实记录。一本优秀的修复报告，不仅可以为后人再次保护修复文物提供科学可靠的基础资料，而且在修复过程中对文物的再认知，以及遇到的一些新问题，更促使研究者以新的视角和思路重新审视已有的材料和结论，为开展科学研究创造有利的条件。修复报告不应是资料的简单堆砌，而是修复人员对各种现象进行深入分析和消化理解后提出的见解和论点，直观反映修复人员的修复能力和学术水平。

"馆藏文物保护修复报告"系列丛书的出版发行，是进一步加强馆藏文物保护工作的又一重要举措，通过对文物保护修复过程的忠实记录，对保护材料、技术及实施工艺的详细描述，对保护修复效果的评价等，将为完整、准确地揭示文物的价值和内涵，宣传、推广保护修复技术和成功经验，切实提高保护修复水平，促进馆藏文物保护科学化和规范化发挥积极作用。

宋新潮

2012 年 2 月 6 日

目　录

前　言

　　甘肃省是我国早期青铜器发现最多的省份之一，也是研究中国青铜器起源的主要区域。其地下埋藏着极其丰富的古代文化遗存，从新石器时代开始至晚期遗存遍及全省，万余处不可移动的各类文化遗址和文物如星罗棋布般遍及陇原大地。全省有 40 余万件文物收藏在博物馆中，并有 95% 以上为科学发掘出土，它们品类齐全，具有重要的历史价值。

　　2003 年甘肃省文物局委托中国国家博物馆文物科技保护中心制订了《甘肃省馆藏青铜器保护修复项目方案》，并呈报国家文物局。2004 年该项目经国家文物局批准立项。

　　2006 年 6 月～2008 年 8 月，国家博物馆文物科技保护中心对该省 10 个市州 37 家博物馆的 333 件一、二级青铜器文物进行了科学的保护修复工作。敦煌南湖乡林场出土的东汉铜牛车就是其中的一件国家二级文物，本书即是对该文物所做的保护修复报告。

　　本报告共分六个部分。第一部分对南湖乡林场出土的铜牛车的基本信息（名称、来源、时代、质地、等级、外形尺寸、腐蚀状况、铸造工艺和发掘）进行了描述及对其历史、艺术价值的评估。第二部分对该器物的保存现状进行了系统分析，其内容包括：分析并归属了青铜病害种类和分布状况；以图片形式提供了文物保护修复前的病害现状；遵循国家文物局颁布的《馆藏青铜器病害分类与图示》标准，对铜牛车的青铜病害以图形为记录形式给予标识；通过科学的检测手法对器物的腐蚀产物、基体成分进行结构、成分分析与微区形貌观察，为青铜器保护修复工作提供科学数据，采取的分析方式有氯离子硝酸银定性分析、便携式能谱基体成分半定量分析、XRF 锈蚀产物半定量成分分析、XRD 腐蚀产物结构分析、LR 腐蚀产物微区结构分析、视频显微镜微区形貌观察、IC 土样可溶盐定量分析和之后进行讨论并得出结论。第三部分保护修复技术路线，由保护修复原则、铜牛车保护修复流程图、保护修复中拟采用方法的前期实验研究和相关保护修复方法组成。第四部分为铜牛车保护修复的具体步骤，它们是器物表面硬结物、可溶盐和有害锈机械与化学材料去除以及铜牛车的整形、焊接、粘接、补配、随色保护等。第五部分是将铜牛车保护修复过程中积累的经验和具体操作中得到的启示及感受进行了总结。第六部分中指出，保护修复后的铜牛车应以控制环境的预防性保护措施为主，并给出了该器物保存环境控制相关的技术参数。附录由敦煌南湖乡林场出土东汉铜牛车保护修复前后对比图，焊接、组合工作图和保护修复档案及分析谱图组成。

　　由于作者水平有限，文中难免有疏漏及不妥之处，希望文物保护修复同行多提宝贵意见。

第1章　敦煌南湖乡林场出土东汉铜牛车
基本信息与价值评估

第1节　基本信息

2000 年 9 月，敦煌市博物馆为配合阳关旅游景点开发基本建设工程，对所建阳关军事博物馆涉及的南湖乡墩墩山北侧戈壁进行了调查勘探，并抢救发掘了一座东汉墓葬。该墓葬处于西南高、东北低的戈壁滩上，东距野麻湾北部水渠 1700m，南距墩墩山汉代烽燧 800m，北到乡办林场南部边缘 300m①（图 1−1）。

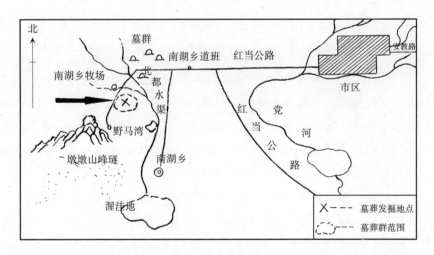

图 1−1　敦煌南湖乡林场东汉墓位置及挖掘地点示意图（摘自《陇右文博》）

该墓中出土了（箭头所指处为墓葬挖掘地点）6 件陶器，其中罐 1 件、

① 敦煌市博物馆. 敦煌南湖乡东汉墓清理简报. 陇右文博. 2002，(2).

瓶1件、奁2件、灯1件、钵1件；铜器8件，其中铜牛车、铜镜各1件，五铢钱6枚。铜牛车出自该墓室西北角（箭头所指处），2002年6月15日，该器物被甘肃省文物局文物组确认为国家二级文物。敦煌南湖乡林场东汉 M4 平面图及内部器物分布图见图1-2。

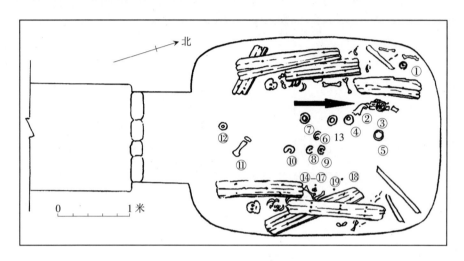

图1-2　敦煌南湖乡东汉 M4 平面图及内部器物分布图（摘自《陇右文博》）

①铜镜　②铜牛　③铜车　④、⑥、⑦、⑨、⑬陶罐　⑤、⑧陶奁　⑩陶瓶　⑪陶灯座
⑫陶钵　⑭～⑲五铢钱

铜牛车由双轮、双辕、牛体、车厢板、车轮等部分组成。由于墓葬塌陷，沙石将器物压垮，致使一侧车轮从车轴处断落，另一侧车轮和两侧车厢板变形，一侧车轮与车厢板锈蚀在一起，两侧车辕通体矿化，一个残损为几段，另一个从根部折断。

经测量知，铜牛长 19.5cm，高 14cm，身中空，壁厚 0.2～0.3cm，内有范土泥芯，与车同时出土。出土时铜牛位于车双辕之间，系驾车之牛。器物为整体铸造；牛嘴向前微凸，四肢稍弯，做向前用力之状；牛耳略呈椭圆形，由铜片打制而成，然后用铆接的方式与头部连接，牛尾残。

车宽 16.5cm，高 18cm，车厢部分分为左、右、后车厢板和长方形车舆，左右车厢板的前后两端底部与车舆间有榫铆结构，插入与它衔接的车舆部分，然后用销钉锁死。销钉长 0.8～1.8cm，直径 0.1～0.3cm，穿销方法为从一侧穿向另一侧；左、右车厢板形制相同，长 17cm，高 10cm，后车厢板长

16.5cm，高 14.5cm，上部铸有横向排列宽为 4cm 的菱形镂孔，下部为凸起方框形门扇。舆为长方形，面宽 16.5cm，进深 24cm。在底前部处有一排 14 根凸起的粗条纹饰，纹饰宽 4cm，左、右、后车厢板采用分铸法制作。

车轮外径 18.5cm，内径 15cm，毂中空，通长 4.5cm，毂中间外径 3cm，内径 1.5cm，每轮十二辐，辐通长 6cm，剖面为菱形，面宽 0.7cm，车轴结构较为独特，不是一根整体，而是中间断开，横穿在车舆下面，分为两截呈扁方形状，分别用铆钉与车舆铆接，舆下部分长 17cm，两端则是露出的圆形车轴与车毂套接。车轴通长 28cm，直径 1cm。两侧车轮分别单铸。

车辕在车舆前部两侧与车舆相交，通长 14cm，截面略呈圆形，直径 1cm，车辕与车舆连接处锈蚀严重，从结合部的位置判断，系采用分铸法插接组合。铜牛车各部位尺寸示意图见图 1-3。

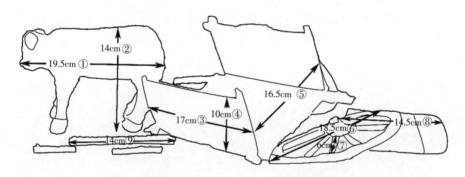

图 1-3　铜牛车各部位尺寸示意图

①牛长 19.5cm　②牛高 14cm　③左右车厢板长 17cm　④左右车厢板高 10cm　⑤车宽 16.5cm　⑥车轮外径 18.5cm　⑦车辐长 6cm　⑧后车厢板高 14.5cm　⑨车辕长 14cm

保护修复前铜牛车收藏于敦煌市博物馆库房内。库房内四季平均温度为：春季：13℃，夏季：23℃，秋季：18℃，冬季：10℃（敦煌市博物馆提供）。

第 2 节　价值评估

这件铜牛车出土于阳关遗址墩墩山汉代烽燧北部，寿昌城遗址西北，背面紧靠乡办林场墓群，地处干燥的戈壁滩上，1943 年历史学家向达来敦煌考察时写道："红山口两山中合，一水北流。往来于两关者在所必经，阳关适在口内，可以控制西、北两路。口西山峰上一汉墩屹然高耸，自敦煌赴南湖未至四十里，即见此墩。盖可想而知也。"此墩即墩墩山烽燧。考古学家认为这座东汉晚期墓葬的发掘及所处的地域特征，为进一步研究寿昌城的历史沿革、阳关遗址的位置及这一地区墓葬的整体概况提供了重要资料。

春秋、战国、秦汉时期牛车已盛行。《管子·轻重戊篇》说："殷人之王，立帛（皂）牢，服牛马，以为民利。"由此可知殷商时期商人已驯服牛马，用于交通和生产，生产力已有较大的发展。东汉末年社会大动乱，马匹锐减，"汉诸侯贫者乃乘之"，其后转为贵。这便是汉魏六朝出现的乘犊之风。犊车，牛车的一个门类。《宋书·礼制》："犊车，辎车之流也。"明人辑《魏武帝集·与大尉杨文先书》："四望通幰七番车一乘，青牛两头"。可见汉代乘犊车成为士林之风①。

敦煌南湖乡林场墓群东汉墓出土的铜牛车虽为明器，但处处仿照真牛、真车制作，从大的结构到细微末节，除尺寸为真牛、真车的1/10外，其余均与真牛车无异，并且制作精细，一丝不苟，结构完整齐全，是按比例缩小了尺寸的实用牛车。一架铜牛车尽管场景、规模不大，却真实地再现了汉代的社会生活场景，浓缩了当时人们的社会生产生活，为研究汉代社会乘犊之风提供了翔实的实物资料。

车是人类早期迁徙的代步工具，有大车、鹿车、安车和轩车等多种。大车也称为牛车，在汉代既是运输的工具，也是民间的主要乘车，形制分双辕篷车与敞车两种②。我国考古发现的有关牛车的实物史料较少，多见于画像砖、壁画等图形资料，甘肃河西地区乃至敦煌出土的牛车，大都是木制的，如武威磨咀子汉代 M48 出土的木牛车，由于木质牛车出土时都已朽毁，仅余残迹和铜质构件，因而对研究双辕车的形制结构和牛的系架方法，一直存在一定的困难。因此这件敦煌地区同期墓葬中首次发现的形制结构规整的铜牛车，立即引起有关方面专家的关注和兴趣。它的出现为研究汉代的车制、传统的制作工艺和这一时期敦煌地区双辕车的系驾方法及科技考古提供了较为确切的实物例证。

---

① 李强. 东汉车制复原研究. 北京：科学出版社，1997：119.

② 同上：前言.

　　我国在不晚于商代，就已能造车，而且从出土的遗物来看，这时的车在结构上已经比较定型，已具有一定的成熟性①。车的制作十分复杂，《考工记》记载，"故一器而工聚焉者，车为多"。这说明车制造技术的复杂。敦煌南湖乡林场墓群东汉墓出土铜牛车制作复杂，器物由车厢板、车辕、铜牛、车轮（辐、毂）等多个附件组成，造型小巧而精致。在制作中工匠们将多扇车厢板进行了精心的设计，采用了分铸的方法铸出左、右、后车厢板，并且在后车厢板的上部设计了菱形花纹；左右车厢板的前后两端底部与车舆的结合应用了榫铆结构，可以插接，并用销钉锁牢，结构图见图1-4～图1-5。

　　铜牛为整体范铸；车轮中的车轴、车辕为分体铸造，然后铆接组合；牛耳为锤揲打制，与牛头之间的结合也为铆接；车轴与车舆之间的结合也为铆接组合；车辕与车舆的连接采用了插接工艺，整件器物的制作运用了塑形、铸造、铆合、锤揲、插接等工艺，这些技法充分反应了汉代工匠们的聪明才智和高超的金属制作水平。

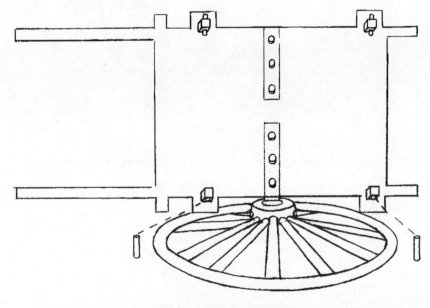

图 1-4　铜车底部结构图

---

① 孙机. 汉代物质文化资料图说. 北京：文物出版社，1990：90.

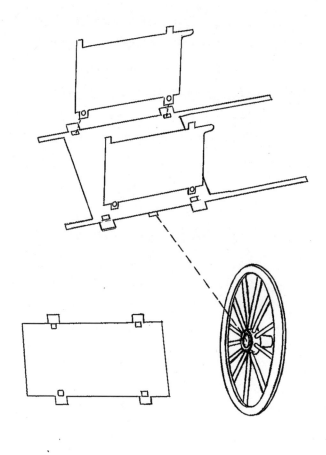

图 1 - 5　铜车结构图

　　南湖乡林场东汉铜牛车的面世既为考古学家研究汉代社会乘犊之风和系驾方法提供了翔实的实物资料，也将先人精湛的制车技法展现在了我们面前，她是我国青铜器宝库中一件具有较高历史和艺术价值的文物。

第2章 敦煌南湖乡林场出土东汉铜牛车保存现状分析

第1节 腐蚀现状

出土后的铜牛车通体锈蚀严重。牛体腐蚀较致密，锈蚀呈浅绿色、蓝绿色，其中蓝绿色锈蚀呈颗粒状，浅绿色锈蚀呈粉末状；牛脊处锈蚀坚硬，覆盖着一层土锈；牛腿腐蚀严重；牛蹄通体矿化、分层；牛臀处大小10余个孔洞的周围锈蚀分层，可见内侧范土。左、右车厢板锈蚀呈深绿色、浅绿色、蓝绿色；后车板菱形花纹处的锈蚀呈浅绿色粉末状，蓝绿色锈蚀分布在后车厢板不同的部位，较为坚硬（图2-1）；车舆腐蚀严重，绿色、浅绿色、蓝色锈蚀粉末与颗粒状锈蚀布满表面。车轮锈蚀严重，车辋处锈蚀呈蓝绿色，较坚硬；车辐处锈蚀分层，大部分通体矿化，呈绿色和浅绿色；车辕处锈蚀颜色分布不均，以蓝绿、绿色、浅绿色为主；车辋表面腐蚀物呈粉末状，车毂与车辐连接处锈蚀堆积，颜色呈湖蓝色（图2-2）；车轴断裂，通体矿化，

图2-1 车厢与车轮病害现状

其断面呈绿色孔洞状。车身通体锈蚀,坚硬的湖蓝色颗粒锈蚀凸出于器物表面,浅绿色粉末锈蚀覆盖在器物之上。车轮、车厢板、车毂等处的湖蓝色、绿色和浅绿色腐蚀产物层状堆积现象十分明显,不同颜色的颗粒、粉末状锈蚀物以交叉堆积方式叠加在一起。视频显微镜下观察其中的蓝色区域上的腐蚀产物像盛开的冰花(图2-3)。

图2-2　车毂、车辐处层状堆积、　　　　图2-3　车毂处湖蓝色层状堆积病害
　　　　表面硬结物病害现状　　　　　　　　　　现状微区形貌

第2节　青铜病害

器物上的青铜病害有通体矿化、残缺、裂隙、变形、层状堆积、瘤状物、表面硬结物、点腐蚀、层状剥离等多种。几乎囊括了国家文物局颁布的《馆藏青铜器病害与图示》标准给出的全部青铜病害。另外牛体内有范土。

病害的主要表象为:受物理作用和电化学腐蚀的共同影响而造成的车辕局部残缺;因电化学腐蚀所致,造成车轮处内部开裂形成多处宽而深的裂隙;车厢板和车轮处因受外力作用而导致扭曲变形,形状发生了改变;牛蹄和车轮局部矿化,此处因腐蚀程度过重而导致基体金属回归原始状态,矿化后的器物呈酥松发脆状态,该区域同时伴随有层状剥离、裂隙等病害;牛耳铆合处有缝隙腐蚀现象;牛体表面分散许多瘤状疱体,这些瘤状物也被称成为结瘤腐蚀,多发生在腐蚀严重的青铜器上,瘤内物质多为有害锈;铜牛车表面多处覆盖着硬结物质；车厢板顶部有 6 处点蚀病害，此处因电化学反应形成的孔蚀内粉末状的浅绿色锈布满其中。

　　铜牛车各部位点蚀、表面硬结物、层状堆积、残缺、变形、通体矿化、裂隙和瘤状物等病害现状见图 2-1~2-18，病害图示见图 2-19~2-24。

图 2-4　车厢板与车轮变形、残缺、点蚀、表面硬结物病害现状

图 2-5　车厢与车辀处表面硬结物、
　　　　层状堆积病害现状

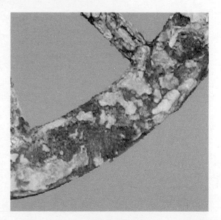

图 2-6　车辋处通体矿化、层状
　　　　堆积病害现状

图 2-7　车辕处通体矿化、表面硬结物、层状堆积、残缺病害现状

图 2-8　后车厢板正、反面残缺、全面腐蚀、表面硬结物病害现状

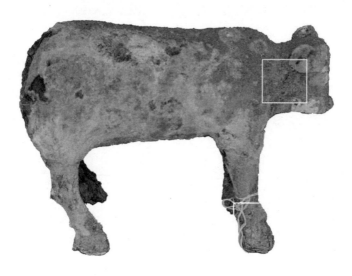

图 2-9　铜牛侧视通体矿化、裂隙、表面硬结物、瘤状物病害现状

图 2 – 10　牛前蹄处通体矿化、裂隙、　　　图 2 – 11　牛颈部瘤状物病害现状
　　　　　　表面硬结物病害现状

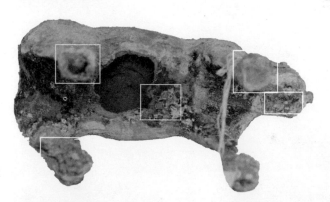

图 2 – 12　铜牛仰视通体矿化、层状剥离、残缺、表面硬结物、层状堆积、
　　　　　　范土残留、瘤状物病害现状

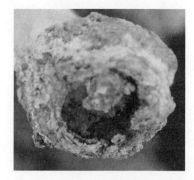

图 2 – 13　牛后蹄通体矿化、层状剥离、　　图 2 – 14　牛后蹄底部层状堆积残缺
　　　　　　残缺、表面硬结物病害现状　　　　　　　　　病害现状

图 2 - 15　牛腹部范土残留、残缺病害现状

图 2 - 16　牛颈下瘤状物病害现状

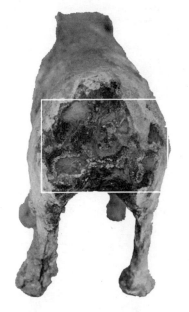

图 2 - 17　铜牛后视现状

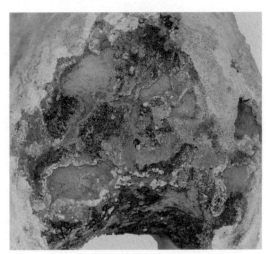

图 2 - 18　牛臀部层状堆积、范土残留、
　　　　　　表面硬结物病害现状

第 3 节　病害图示

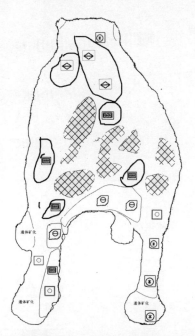

图 2 - 19　铜牛（后视图）

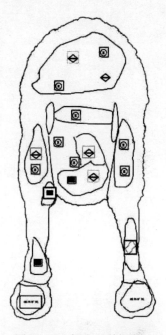

图 2 - 20　铜牛（前视图）

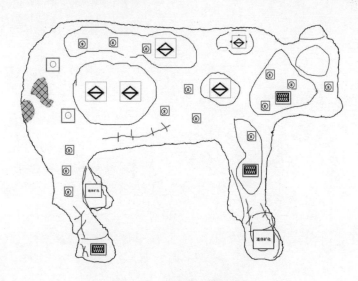

图 2 - 21　铜牛（右侧视图）

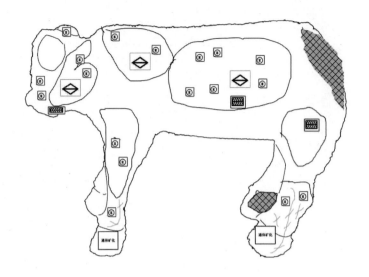

图 2 – 22   铜牛（左侧视图）

| 表面硬结物 | 通体矿化 | 瘤状物 | 残缺 | 变形 | 层状堆积 | 孔洞 | 范土残留 | 裂隙 |

比例尺：1：2

病害图制作单位：中国国家博物馆
2008年7月8日
绘制人：杨小林　王永生　王赴朝

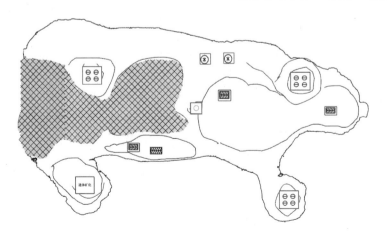

图 2 – 23   铜牛身（仰视图）

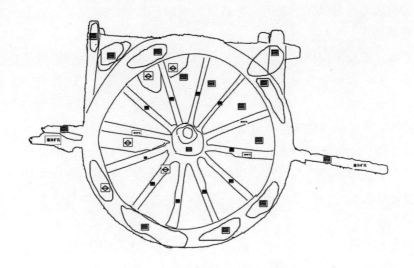

图 2-24　车身与轱辘（侧视图）

范土残留　残缺　通体矿化　瘤状物　点腐蚀　层状堆积表面硬结物

比例尺：1：2

病害图制作单位：中国国家博物馆

2008年7月8日

绘制人：杨小林　王永生　王赴朝

第 4 节　病害分析检测

保护修复前对铜牛车进行全面系统的分析研究是对其保存现状科学评估的核心部分，是十分必要的。只有在科学分析检测的基础上才能对器物材质、工艺流程、埋藏环境、锈蚀类别等有系统的了解与认知，在科学的分析研究与实践经验有机结合的前提下，提出切实可行的保护修复方案及技术路线是病害分析检测的目的所在。

由于分析检测的结果将直接或间接地指导铜牛车的保护修复工作，因此分析方法、样品采集、仪器之间的配合尤为重要，鉴于铜牛车是国家二级文物，分析研究的对象仅限于该文物器身的腐蚀产物和附着在器物之上的土和表面硬结物质。

系统分析检测由化学湿法分析和仪器分析两部分组成。分析要从锈蚀结构分析，基体成分半定量分析，腐蚀产物微区形貌观察，锈蚀产物、附着土定性、定量分析这四个方面入手。在具体的分析中，仪器之间要相互配合、数据互相佐证，尽可能地使分析结果具有真实和代表性。

为了保证分析数据的真实性，样品的采集与制备工作由保护修复工作者完成。对青铜器不同部位、不同颜色腐蚀产物样品采集时均有详细记录，内容包括：样品编号、样品名称、样品描述、检测目的、照相留档和标识取样部位示意图等。

保护修复前在铜牛车上取土样和表面硬结物 3 个；不同颜色的腐蚀产物 18 个；原位成分测试点 9 个；定性分析锈蚀样品 14 个（表 2-1，图 2-25 ~ 2-36）。

表 2-1　选取样品分布及分析方法总表

编号	采样部位	检测部位	分析方法					
			硝酸银定性分析	便携式能谱分析	XRF成分分析	XRD结构分析	LR 微区结构分析	IC 可溶盐分析
01	P	牛身右侧	√				√	
03	U	牛颈背结合疱体	√					
04	V	牛前腿	√					
05	O	牛后臀	√					
10	H	左侧车厢板	√					
11	G	车舆	√					
12	F	后车厢板正面	√					
28	E	后车厢板正面	√		√	√		
29	D1	后车厢板反面	√		√	√	√	
30	F	后车厢板正面			√	√	√	
31	Q	车辕			√	√		

续表

编号	采样部位	检测部位	分析方法					
			硝酸银定性分析	便携式能谱分析	XRF成分分析	XRD结构分析	LR微区结构分析	IC可溶盐分析
32	R	车辕			√	√	√	
33	S	车辕			√	√	√	
34	T	车辕			√	√		
35	D	车辋	√		√	√		
36	C	车辋	√		√	√	√	
37	A	车毂	√		√	√	√	
38	B	车幅	√		√	√	√	
39	I	牛颈下			√	√		
40	J	牛颈下			√	√		
41	K	牛颈凸出			√	√		
42	N	右后蹄底			√	√		
43	L	左后蹄分层			√	√	√	
44	M	左后蹄外侧	√		√	√		
45	W	车厢板顶部			√	√		
46		后车厢板基体		√				
47		右车轮		√				
48		车舆		√				
49		车毂		√				
50		车幅		√				
51		车辕（长）		√				
52		车辕（短）		√				
53		牛体		√				
54		牛耳		√				
55		牛头部						√
56		牛后臀						√
57		车厢板						√

图 2-25   A 车毂湖蓝色锈蚀   B 车辐绿色锈蚀   C 车辋浅绿色锈蚀   D 车辋浅绿色锈蚀

图 2-26   E 后车厢板正面浅绿色锈蚀   F 后车厢板正面湖蓝色锈蚀

图 2-27   D1 后车厢板反面浅蓝色锈蚀

图 2-28   O 牛后臀范土

图 2-29   U 牛颈背结合处疱体浅绿色锈蚀

图 2-30   P 牛身右侧湖蓝色锈蚀

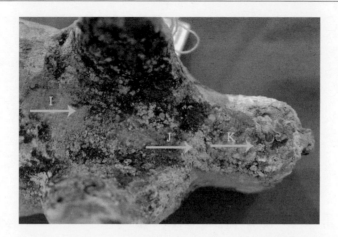

图 2 – 31　I 牛颈下蓝色锈蚀　J 牛颈下草绿色下蓝色锈蚀　K 牛颈下蓝色锈蚀

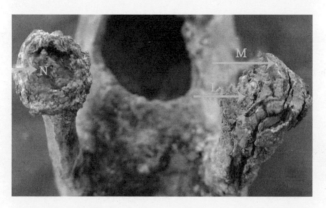

图 2 – 32　N 右后蹄底蓝绿色锈蚀　M 左后蹄绿色锈蚀　L 左后蹄分层绿色锈蚀

图 2 – 33　G 车舆草绿色锈蚀　H 左侧车厢板湖蓝色锈蚀

图 2-34　W 车厢板顶部点蚀

图 2-35　Q 车辕浅绿色锈蚀　R 车辕深绿色锈蚀　　图 2-36　V 牛前腿湖蓝
　　　　　S 车辕蓝绿色锈蚀　T 车辕蓝色锈蚀　　　　　　　　　色锈蚀

1　氯离子硝酸银定性分析

　　氯离子硝酸银定性分析是鉴别锈蚀物中侵蚀性离子的有效检测方法，所
给出的分析结果可直接指导青铜器局部有害锈的去除。

　　定性分析样品来自牛身、车辐、后车厢板和车辕等 14 个不同部位的蓝
色、湖蓝色、绿色、浅绿色粉末或块状锈蚀物。为了保证定性分析的准确性，
样品检测时带有一个空白试样，用于检查蒸馏水中是否含有被检测离子。（表
2-2）。

表 2 - 2　氯离子硝酸银定性分析结果

编号	采样编号	检测部位	样品描述	检测现象与结果
KB	空白		无色透明	溶液清澈，无氯离子
1	P	牛身右侧	湖蓝色块状锈	溶液浑浊，有大量白色絮状沉淀物，氯离子含量高
3	U	牛颈背结合处疱体	浅绿色粉末锈	溶液清澈，无氯离子
4	V	牛前腿	湖蓝色块状锈	溶液浑浊，有大量白色絮状沉淀物，氯离子含量高
5	O	牛后臀	范土	溶液轻微浑浊，含有少量氯离子
10	H	左侧车厢板	湖蓝色颗粒状锈	溶液轻微浑浊，含有少量氯离子
11	G	车舆	草绿色块状锈	溶液清澈，无氯离子
12	F	后车厢板正面	湖蓝色块状锈	溶液清澈，无氯离子
28	E	后车厢板正面	浅绿色粉末锈	溶液清澈，无氯离子
29	D1	后车厢板反面	浅蓝色块状锈	溶液浑浊，有大量白色絮状沉淀物，氯离子含量高
35	D	车辋	绿色粉末锈	溶液清澈，无氯离子
36	C	车辋	绿色粉末锈	溶液浑浊，有大量白色絮状沉淀物，氯离子含量高
37	A	车毂	湖蓝色块状锈	溶液浑浊，有大量白色絮状沉淀物，氯离子含量高
38	B	车辐分层处	浅绿色粉末锈	溶液浑浊，有大量白色絮状沉淀物，氯离子含量高
44	M	牛左后蹄外侧分层处	绿色颗粒状锈	溶液浑浊，有大量白色絮状沉淀物，氯离子含量高

2　便携式能谱基体成分半定量分析

运用便携能谱对铜牛车基体分析的目的，是为了在了解器物各部位基体质地和合金配比的基础上对其铸造工艺、制作技法进行更深层次的认识与研究。

在保护修复现场，运用便携能谱仪对车厢板、车辐和牛耳等9处基体进行原位分析，分析结果见表2-3。牛体、牛耳分析谱图见图2-37~2-38。其他检测部位谱图见附录4。

测试条件：X光管，Au靶，最大电压50kV，最大电流50μA。

表2-3　便携式能谱基体元素分析结果（wt%）

编号	检测部位	Cu	Sn	Pb	Fe
46	后车厢板	78.32	8.21	12.00	
47	右车轮	89.44	3.84	5.75	0.44
48	车舆	82.31	5.25	11.25	
49	车毂	89.35	1.74	8.64	
50	车辐	84.58	5.21	8.95	0.41
51	车辕（长）	80.65	4.76	13.47	
52	车辕（短）	83.04	3.92	10.76	0.80
53	牛体	77.60	6.05	15.66	
54	牛耳	89.21		10.09	

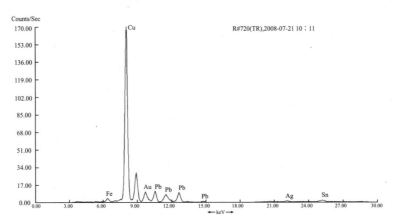

图2-37　牛体基体成分便携式能谱谱图

（Cu77.60%、Sn6.05%、Pb15.66%）

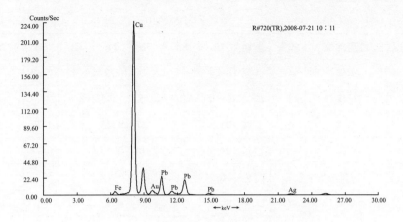

图2-38　牛耳基体成分便携式能谱谱图

（Cu89.21%、Pb10.09%）

3　XRF锈蚀产物半定量成分分析

X射线荧光分析显微镜不仅对青铜器中常见的金属元素进行成分分析，也可对锈蚀物中的侵蚀性元素（氯、硫）进行分析。其分析目的在于，通过了解铜牛车表面不同腐蚀产物元素的组成及器物上侵蚀性元素分布情况，制定合理有效的保护方法。

运用XRF对铜牛车后车厢板、车辕、牛身不同部位层状堆积、点腐蚀、通体矿化等病害处18个锈蚀样品进行了半定量分析。分析结果见表2-4，车毂湖蓝色锈和车辐浅绿色锈分析谱图见图2-39~2-40。其他检测部位谱图见附录4。

测试仪器：XGT-5000型X射线荧光分析显微镜。

测试条件：测试时间：30s；进程模式：P4；X光管电流：0.20mA；检测孔直径：100；X光管电压：50kV。

表2-4　XRF基体元素分析结果（wt%）

编号	检测部位	样号	颜色	Cu	Sn	Pb	Fe	Cl	Ca	S
28	后车厢板正面	E	浅绿	94.32		4.88	0.28		0.52	
29	后车厢板反面	D1	浅蓝	94.09		5.66	0.25			
30	后车厢板正面	F	湖蓝	92.48		5.67	1.05		0.80	

编号	检测部位	样号	颜色	Cu	Sn	Pb	Fe	Cl	Ca	S
31	车辕	Q	浅绿	89.40		8.24	0.30	1.43	0.63	
32	车辕	R	深绿	61.99	6.07	17.53	1.43	12.97		
33	车辕	S	蓝绿	91.56		4.37	0.35		4.19	
34	车辕	T	蓝色	91.56		7.44	0.22		0.78	
35	车辋	D	绿色	96.95		2.87	0.18			
36	车辋	C	绿色	81.23		1.57	0.16	17.05		
37	车毂	A	湖蓝	92.96		6.21	0.21		0.62	
38	车幅	B	浅绿	69.90		9.90		20.20		
39	牛颈下	I	蓝色	86.92		12.82	0.27			
40	牛颈下	J	蓝绿色	95.61		1.52	0.26			2.61
41	牛颈凸出	K	蓝色	93.91		2.59				3.50
42	右后蹄底	N	蓝绿	95.99		2.05	0.33			1.63
43	左后蹄分层	L	绿色	82.61			0.16	17.24		
44	左后蹄外侧	M	绿色	64.52		12.35	0.56	12.44	1.65	8.42
45	车厢板顶部	W	浅绿	69.12		11.20	1.66	18.03		

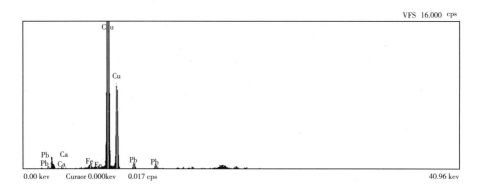

图 2.-39　车毂湖蓝色锈 XRF 谱图

（Cu92.96%、Pb6.21%、Fe0.21%、Ca0.62%）

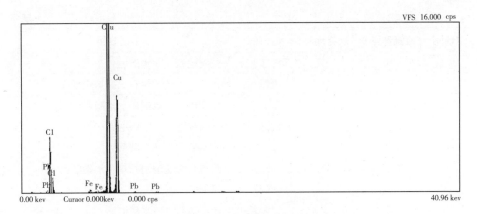

图 2－40 车辐浅绿色锈 XRF 谱图

（Cu 69.90%、Pb 9.90%、Cl 20.20%）

4 XRD 腐蚀产物结构分析

在青铜器的保护修复中，借助 X 射线衍射对文物不同层面、不同颜色的锈蚀物进行物相分析是十分必要的，分析结果可直接给出有害锈与无害锈的相组成，为文物保护修复方案的制定和除锈方法的选择提供了技术支持。

XRD 检测的样品来自铜牛车不同部位的 18 处锈蚀物，与 XRF 样品相同。分析结果见表 2－5、后车厢板反面浅蓝色、车厢板顶部浅绿色和车辐浅绿色锈分析谱图见图 2－41～2－43。其他检测部位 XRD 谱图见附录 4。

测试仪器：Dmax 12kW 粉末衍射仪。

测试条件：XCuKα（1.5418A），石墨弯晶单色器；管电压：40kV；管电流：10mA；扫描方式：θ/2θ 扫描；扫描速度：8°（2θ）分；采数步宽：0.02°（2θ）；环境温度：2.5（±2）℃；湿度：50（±5）%；样品现状：粉末。

表 2－5 XRD 锈蚀结构分析结果

（检测单位：北京大学微构中心）

编号	检测部位	采样编号	颜色	主要物相
28	后车厢板正面	E	浅绿色	孔雀石 蓝铜钠石
29	后车厢板反面	D1	浅蓝色	蓝铜钠石

续表

编号	检测部位	采样编号	颜色	主要物相
30	后车厢板正面	F	湖蓝色	蓝铜钠石、一水碳酸钙
31	车辕	Q	浅绿色	孔雀石、蓝铜钠石、副氯铜矿
32	车辕	R	深绿色	氯铜矿、副氯铜矿、水胆矾
33	车辕	S	蓝绿色	蓝铜钠石、一水碳酸钙
34	车辕	T	蓝色	蓝铜钠石、一水碳酸钙
35	车辋	D	绿色	孔雀石、蓝铜钠石、一水碳酸钙
36	车辋	C	绿色	氯铜矿、副氯铜矿、水胆矾
37	车毂	A	湖蓝色	蓝铜钠石、一水碳酸钙
38	车幅	B	浅绿色	氯铜矿、副氯铜矿
39	牛颈下	I	蓝色	蓝铜钠石、一水碳酸钙
40	牛颈下	J	蓝绿色	孔雀石、蓝铜钠石
41	牛颈凸出	K	蓝色	蓝铜钠石
42	右后蹄底	N	蓝绿色	蓝铜钠石
43	左后蹄分层	L	绿色	副氯铜矿、氯铜矿
44	左后蹄外侧	M	绿色	氯铜矿、副氯铜矿、水胆矾
45	车厢板顶部	W	浅绿	氯铜矿、氯化亚铜、羟基硫酸铜、赤铜矿

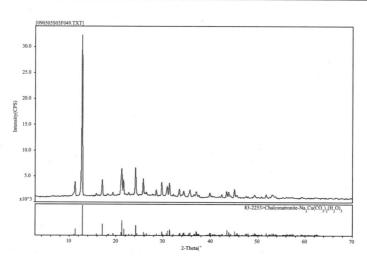

图 2-41　后车厢板正面湖蓝色锈 XRD 谱图

（蓝铜钠石）

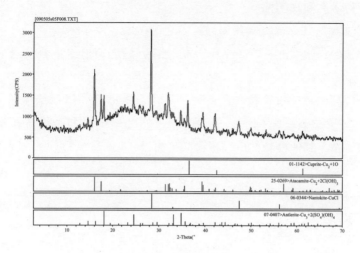

图 2 - 42　车厢板顶部浅绿色锈 XRD 谱图

（氯铜矿、氯化亚铜、羟基硫酸铜、赤铜矿）

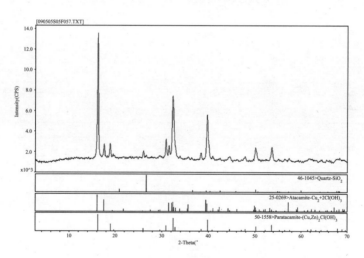

图 2 - 43　车辐浅绿色锈 XRD 谱图

（氯铜矿、副氯铜矿）

5　LR 腐蚀产物微区结构分析

　　利用激光拉曼光谱仪微区选区、实时观测的分析优势，对 XRD 分析给出的一些值得进一步关注的样品再分析，数据之间的互相印证，使结构分析结果更具有科学性和真实性。

测试仪器：Almega 型共焦显微拉曼光谱。

测试条件：激发波长 532nm，10 倍物镜，激光输出能量 10%　曝光时间 8－10s，曝光次数 10。

分析样品来自车辕块状蓝色锈蚀，牛身、车辐深（浅）绿色锈，分析结果见表 2－6，车辐浅绿色锈、车辋浅绿色锈和车毂湖蓝色锈分析谱图见图 2－44～2－46。其他检测部位分析谱图见附录 4。

表 2－6　LR 分析数据表

编号	检测部位	采样部位	颜色	主要物相
1	P	牛身右侧	湖蓝色	蓝铜钠石
29	D1	后车厢板反面	浅蓝色	蓝铜钠石
30	F	后车厢板反面	湖蓝色	蓝铜钠石
32	R	车辕	深绿色	氯铜矿
33	S	车辕	篮绿色	蓝铜钠石
36	C	车辋	绿色	氯铜矿
37	A	车毂	湖蓝色	蓝铜钠石
38	B	车辐	浅绿色	副氯铜矿
43	L	左后蹄分层	绿色	氯铜矿
44	M	左后蹄外侧	绿色	氯铜矿

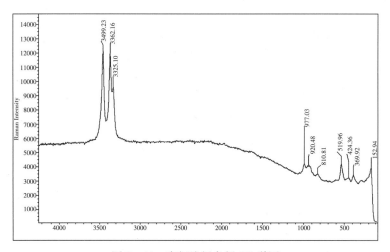

图 2－44　车辐浅绿色锈 LR 谱图

（副氯铜矿）

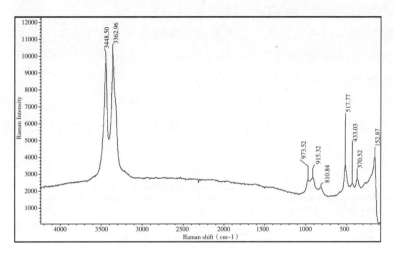

图 2 - 45 车辋浅绿色锈 LR 谱图

（氯铜矿）

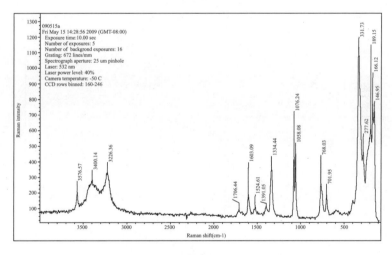

图 2 - 46 车毂湖蓝色锈 LR 谱图

（蓝铜钠石）

6 IC 土样可溶盐定量分析

应用 IC 对铜牛车上附着土及表面硬结物中可溶盐中的阴离子分析的目的，是为了了解表面硬结物中可溶盐内侵蚀性离子的分布状况。分析结果将直接为可溶盐的脱出提供技术支持。

　　测试样品来自牛后臀范土、车厢板表面硬结物和车厢板附着土。分析结果见表2-7，分析谱图见图2-47~2-49。

　　测试仪器：ICS-2500离子色谱仪。

　　测试条件：阴离子色谱柱：lonpac AS18-HC（4×250mm）；淋洗液：30mol/LKOH；进样量：25μL；淋洗源：淋洗液发生器；流速：1.2ml/min；温度：30℃；检测器：ASR4-4mm。

表2-7　IC可溶盐阴离子分析数据（mg/L）

编号	样品描述	采样部位	F⁻	Cl⁻	SO₄²⁻	NO₃⁻	PO₄²⁻	pH
55	黄色土	牛头部	1.4581	6.1154	24.4158	3.2261	0	8.0
56	黄色土	牛后臀	1.3827	25.2226	28.0842	8.8002	0	8.0
57	黄色土	车厢板	1.2462	28.8558	30.7465	12.0940	0.4143	8.5

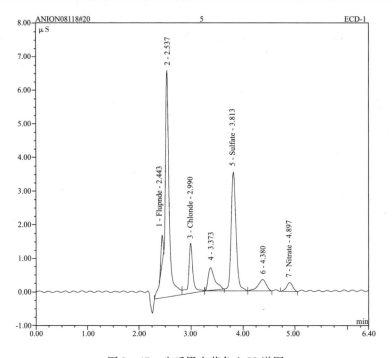

图2-47　牛后臀内黄色土IC谱图

（F⁻1.38ppm、Cl⁻25.22ppm、SO₄²⁻28.08ppm、NO³⁻8.80ppm）

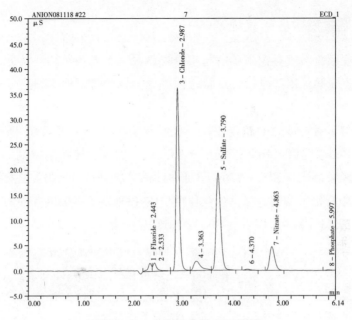

图 2-48　牛头部黄色土 IC 谱图

（ F^- 1.45ppm、 Cl^- 6.12ppm、 SO_4^{2-} 24.42ppm、 NO^{3-} 3.23ppm）

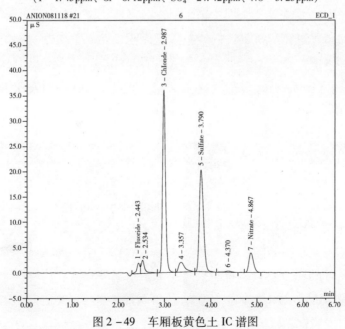

图 2-49　车厢板黄色土 IC 谱图

（ F^- 1.25ppm、 Cl^- 28.86ppm、 SO_4^{2-} 30.75ppm、 NO^{3-} 12.09ppm、 PO_4^{2-} 0.41ppm）

7 视频显微镜微区形貌观察

应用视频显微镜对铜牛车的车辐分层锈蚀、车毂与车辐连接处湖蓝色颗粒状锈蚀、车厢板顶部浅绿色点状锈蚀等处不同的青铜病害进行了微观形貌观察。

车毂与车辐连接处的湖蓝色锈（蓝铜钠石）在视频显微镜 2100 倍下观察，可见其晶体轮廓（图 2-50），车辐上的锈蚀物在视频显微镜 100 倍下观察，是由多层组成（图 2-51）。车厢板顶部浅绿色点蚀部位在视频显微镜 700 倍和 2100 倍下观察，可见沙粒和肾状体（图 2-52 和 2-53）。

测试仪器：HIROX KH-3000 三维视频显微镜。

图 2-50 铜牛车车毂与车辐连接处蓝铜钠石微区形貌（2100X）

图 2-51 铜牛车车辐处分层锈蚀微区形貌（100X）

图 2-52 车厢板顶部氯铜矿微区肾状形貌图（2100X）

图 2-53 车厢板顶部氯铜矿微区沙粒状形貌图（700X）

第 5 节　讨　论

运用 X 荧光能谱、X 衍射、离子色谱、激光拉曼、三维视频显微镜、氯离子硝酸银定性分析等不同检测手段对铜牛车进行了系统分析，根据样品的分析检测结果，我们有如下几点认识：

1）甘肃省河西地区蕴藏着丰富的有色金属矿产，如铜矿、铅矿、锡矿及多种金属共生矿多处，这些矿藏为该地域有色金属的冶炼和青铜器的制作提供了良好的资源。便携式能谱分析结果也证实，牛体、车厢板、车辐、车辋、车毂、车辕部位的基体为 Cu－Sn－Pb 三元合金。铆合在牛头之上的牛耳由 Cu－Pb 二元合金（Cu89.21%、Pb10.79%）制成。各部位基体合金成分中铅的含量均高于锡元素。可推测合金中大量铅的加入与河西地区含有丰富的铅矿资源有关。

除牛耳外，8 个三元合金基体测试点成分中 Cu 含量为 77.60% ~ 89.35%，Sn 含量为 1.74% ~ 6.05%，Pb 为 8.64% ~ 13.47%。铜牛车各部位基体合金元素成分图见图 2 –54。

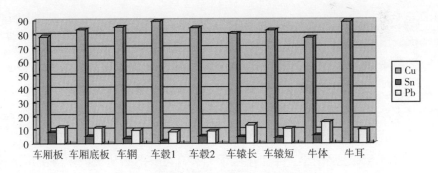

图 2 –54　铜牛车各部位基体合金元素成分图

我们认为铜牛车不同部位的成分含量与其制作工艺相关，牛体等铸造部件的基体使用了 Cu－Sn－Pb 三元合金，运用捶揲工艺制作的牛耳的基体为 Cu－Pb 两元合金。

2）氯离子硝酸银定性分析表明：来自铜牛车不同部位 14 个蓝色、湖蓝色、绿色、草绿色、浅绿色的锈蚀样品中，9 个试样中含有侵蚀性氯离子，草绿色、浅绿色锈蚀和器物上范土中也含有大量侵蚀性氯离子，在湖蓝色锈蚀样品中未检测出氯离子。

经硝酸银定性分析的样品酸化后，均溶解完全，加入硝酸银有以下 3 种实验现象：（1）溶液清澈，无白色沉淀生成；（2）溶液轻微浑浊；（3）溶液中有大量白色絮状物沉淀。这些实验现象指出：因硝酸溶解样品时无白色的不溶物 β–锡酸生成，所以可证明 14 个锈蚀产物中的锡元素含量甚少。此实验现象也被 XRF、XRD 的检测结果给予了证实（18 个 XRF 腐蚀产物中仅有车辕处深绿色的锈蚀物中检测出锡元素，而 18 个 XRD 样品中均未检测出锡的腐蚀产物）。另外，加入硝酸银试剂后，试样溶液的浑浊程度与锈蚀物的颜色和病害形貌有一定的关联。蓝色、湖蓝色锈蚀的提取液清澈，草绿色、绿色锈蚀提取液溶液轻微浑浊，浅绿色粉末锈蚀的提取液中含有大量的氯化银白色沉淀，点蚀、瘤状物、矿化严重病害处的样品中侵蚀性离子含量高。

3）器物上的范土、表面硬结物和附着土的水浸液呈弱碱性，pH 值在 8～8.5 之间。这表明铜牛车埋藏环境的土壤呈弱碱性。

IC 分析结果指出：测试样品中均含有侵蚀性 Cl^-、NO_3^-、SO_4^{2-}，其中 Cl^-、SO_4^{2-} 含量较高，是陇东等地区出土青铜器上残留土样中的 10～20 倍，XRD 也从另一个侧面证实，锈蚀产物由氯铜矿、副氯铜矿、孔雀石、水胆矾、羟基硫酸铜组成。

运用离子色谱对甘肃省河西、陇东和兰州地区出土的数十件青铜器上的附着土进行分析，其结果也证实，河西地区土壤中硫酸盐、氯离子含量较高。图 2–55 为河西与陇东地区出土的 4 件青铜器表面附着土中可溶性硫酸盐和氯离子含量对比图。

甘肃河西地区属干旱、半干旱气候，没有足够的水从土壤中淋洗可溶盐，使得可溶性盐在土壤中积累，具有不良的物理和化学性质。在干旱和半干旱地区，由于高蒸发势，会提高土壤和地表水中盐分的浓度导致土壤盐渍化[①]。河西地区也是我国硫酸盐、氯离子等盐土分布较高的地区之一，盐渍土中含有大量侵蚀性硫酸盐（$CaSO_4$、$MaSO_4$、Na_2SO_4 等），氯化物（NaCl、$CaCl_2$

---

① 李学垣. 土壤化学. 北京：高等教育出版社，2001：246.

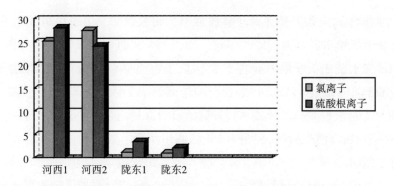

图 2 - 55　河西、陇东青铜器上附着土中可溶性硫酸盐、氯离子对比图

（河西 1：东汉铜牛车、河西 2：元代铜牦牛、陇东 1：汉代三蹄足鸟首流铜盉、陇东 2：汉代嵌
螺鎏金握鹿铜镇）

等）和硝酸盐[①]。这些盐均有较高的溶解度。其中 SO_4^{2-}、NO_3^-、Cl^- 对器物腐
蚀影响更为直观，尤其是 Cl^-。铜牛车在如此特定的埋藏环境下发生化学、电
化学反应或生物作用而受到破坏，点蚀、表面硬结物、通体矿化、层状堆积
等青铜病害在此时已发生。

　　铜牛车上残存的硬结物或大面积地附着在器物表面或存留在器物内部的
不同部位，在适度的温度和高湿条件下，物质中的可溶性盐是造成出土后青
铜病害继续产生的隐患。

　　4）18 个锈蚀样品经 XRF 分析，检测出 Cu、Pb、Cl、S、Fe、Ca、Sn 等
元素，湖蓝色、蓝色锈样中含有 Cu、Pb、S 元素，浅绿色锈蚀物中含有 Cu、
Pb、Cl 元素，通体矿化（车辕）、点蚀（车厢板顶部）、锈蚀分层（车辐）等
病害处的锈蚀中氯离子含量为 14% ~ 20%。

　　5）XRD 分析表明：铜牛车上的表面硬结物和附着土由伊利石、斜长石、
高岭土、蒙脱石组成，锈蚀产物由赤铜矿 [Cu_2O)]、氯化亚铜 [$CuCl$]、氯
铜矿 [$Cu_2Cl(OH)_3$]、副氯铜矿 [$(Cu, Zn)_2Cl(OH)_3$]、羟基硫酸铜 [Cu_3
$(SO_4)(OH)_4$]、水胆矾 [$Cu_4SO_4(OH)_6$]、孔雀石 [$Cu_2(CO_3)(OH)_2$]、蓝
铜钠石 [$Na_2Cu(CO_3)_2 \cdot 3H_2O$] 组成，器物上的有害锈蚀呈浅绿色和绿色，
分布广，有规律。氯铜矿、副氯铜矿、氯化亚铜多集中在通体矿化、瘤状物、

① 甘肃省农业科学研究院. 河西地区土壤含盐量与植物生长的关系. 土壤通报, 1960, (2).

点蚀、层状堆积、层状剥离的青铜病害中，如车辕、车辐通体矿化处的浅绿色锈蚀物为氯铜矿、副氯铜矿；车轮、车毂与车辐连接处锈蚀物质为氯铜矿、副氯铜矿和水胆矾。车厢板顶部点蚀锈样上存在活性的氯化亚铜和氯铜矿、羟基硫酸铜。牛蹄底部分层处主要物相为副氯铜矿、氯铜矿。蓝色锈蚀物主要物相为蓝铜钠石、一水碳酸钙，蓝铜钠石的含量均在95%以上。后车厢板、牛颈、牛右后蹄底部蓝色锈蚀为100%的蓝铜钠石。器物表面绿色的锈蚀物中均含有水胆矾。

甘肃省河西地区降雨量稀少，淋洗作用较低，致使这些土壤含有大量盐基。在发育完全而正常的土壤剖面中，常常出现较多的碳酸钙积累。由于气候干旱，这类土壤排水不良，表面蒸发强烈，可溶性盐类集中。这些可溶性盐类，绝大部分是钠、钙、镁的氯化物和硫酸盐类，及部分碳酸盐类，致使土壤中盐基饱和度升高，其中碳酸盐由于水解，使土壤 pH 值升高。另外，干旱区盐渍土壤 pH 值变化，明显受较大含量离子的影响，与碳酸根离子成正比[①]。

由此可见，铜牛车上各种腐蚀产物的形成和埋藏环境密不可分。其中氯铜矿、副氯铜矿、水胆矾、羟基硫酸铜、氯化亚铜与土壤中含有的大量氯离子和硫酸根离子有关；一水碳酸钙是埋藏地域降雨量稀少，淋洗作用较低，致使溶解性不高的一水碳酸钙在器物上积累的体现；孔雀石、蓝铜钠石，尤其是色彩鲜艳的蓝铜钠石的形成与土壤中的碳酸钠、碳酸氢钠、碳酸钙、碳酸氢钙等强碱弱酸盐有关；含有碱性碳酸盐的地表水、地下水[②]以及土壤溶液中的 pH 值、空气中的 CO_2 分压有关[②]。

6）为了使铜牛车样品中值得进一步关注的蓝色（蓝铜钠石）和浅绿色（氯铜矿、副氯铜矿）粉末锈样的 XRD 分析结果更具有真实性和代表性，运用激光拉曼光谱仪微区选区、实时观测和对上述样品定位分析，结果给出了与 XRD 相同的结论。

LR 微区分析结果表明，浅绿色锈蚀主要物相分别为氯铜矿、副氯铜矿，蓝色、湖蓝色锈蚀主要物相为蓝铜钠石。

---

① 王生朴，等. 甘肃省土壤环境背景值特征及其分布规律. 甘肃环境研究与监测，1993，（3）.

② ［美］大卫·斯考特著. 马清林，潘路，等译. 艺术品中的铜和青铜. 北京：科学出版社，2009：94.

7）通过科学的分析检测，我们对器物的合金配比、制作工艺有了更深层次的认识，即铜牛车合金成分的配比与各部件制作工艺有关。可以认为在器物各部件的铸造、打制过程中，工匠们已注意到车厢板、车辕、铜牛等部位与牛耳的制作工艺有所不同，因此在原材料的配比中考虑到了合金的流动性和延展性等物理性能。如牛体、车厢板等部件的制作中运用了铸造工艺，牛耳的制作使用了打制工艺。牛体、车厢板等处基体材料使用了 $Cu-Sn-Pb$ 三元合金，在牛耳的制作中过程中，因为使用的是捶揲、铆合工艺，所以基体材料使用了 $Cu-Pb$ 两元合金。实验室科技考古从另一个侧面证实在铜牛车制作过程中，工匠们依据不同部位的制作工艺要求，选用不同的合金配比，整件器物的制作将若干个部件分别制作再组合起来。例如，铜牛车的左、右、后车厢板采用了分体铸造、插接组合再用销钉锁死的方法；车轮中的车轴、车辕也为分体铸造，再插接组合；牛耳与牛头之间的结合为铆接；车轴与车舆之间的结合也为铆接组合，这些技法充分反映了汉代工匠们的聪明才智和高超的金属制作水平，是我国先民们对古代金属制作技术中的贡献。铜牛车的出土为我们研究汉代的科学技术提供了主要实物资料，具有极高的艺术价值和科学价值。

另外，由于铜牛车是国家二级文物，其铸造、捶揲等制作信息不能通过金相组织观察来获得，保护修复现场也不具备 X 探伤的检测条件。但是，根据我们保护修复过程中的近距离观察，器物自身所反映出来的铸造、铆合、捶揲、插接等基本信息可通过牛臀部的范土残留、耳部铆合捶揲痕迹来获取。

第 6 节　结　论

1）铜牛、车厢板、车轮等部位基体为 $Cu-Sn-Pb$ 三元合金，牛耳基体为 $Cu-Pb$ 二元合金。

2）铜牛车有 10 种青铜病害表象，它们是残缺、裂隙、变形、层状堆积、孔洞、瘤状物、表面硬结物、通体矿化、点腐蚀和缝隙腐蚀。

3）器物整体腐蚀严重，腐蚀现象较为独特，蓝、绿锈蚀颜色鲜艳，瘤状物坚硬，颗粒、粉末状锈蚀酥松。锈蚀物中主要元素为 Cu、Pb、Cl、S、Fe、Ca、Sn，主要物相由碱式碳酸盐（孔雀石、蓝铜钠石），氯化物（氯化亚铜），碱式硫酸盐（水胆矾、羟基硫酸铜），碱式氯化物（氯铜矿、副氯铜矿）和赤铜矿，一水碳酸钙组成。绿色锈蚀中氯铜矿、副氯铜矿和水胆矾共存，蓝色、湖蓝色锈蚀中蓝铜钠石和一水碳酸钙共存。侵蚀性离子和有害锈多集中在通体矿化、瘤状物、点蚀等青铜病害处。

4）铜牛车埋藏环境的土壤呈弱碱性、器身的范土、附着土的可溶盐中侵蚀性阴离子 SO_4^{2-} 和 Cl^- 含量均高于陇东、甘南等地区出土青铜器附着土中的可溶盐数十倍。锈蚀产物的生成与埋藏环境中的盐渍土有关。

5）铜牛车由车厢板、铜牛、车轮等多个附件组成，采用了分铸的方法分别铸出，制作中运用了塑形、铸造、铆合、捶揲、榫铆、插接等工艺。

第3章　敦煌南湖乡林场出土东汉铜牛车保护修复技术路线

南湖乡林场铜牛车保护修复技术路线是在对文物保存现状调查与综合价值评估的基础上制定，它由保护修复目标、主要技术步骤流程和拟采用的保护修复方法组成。

第1节　保护修复原则

在铜牛车保护修复中应遵守"不改变文物原状"、"最小干预"的原则，保留所有历史信息，保护处理全过程要保证文物的真实性，尽量减少不必要的人为干预，采取的保护修复措施，均以预防为主，减少损伤。在遵循文物保护的"可再处理性、可识别性"等基本原则和科学检测基础上，运用物理和化学方法去除可溶性盐及有害腐蚀产物，并使用成熟的传统工艺技术和材料对铜牛车进行整形、焊接、补配、缓蚀、封护。如使用新工艺，均经过前期试验和研究后才将此工艺技术用于保护修复中。通过上述的保护修复技术手段以达到恢复文物原状为目标。南湖乡林场铜牛车复原图（图3-1）。

图3-1　铜牛车复原图

第2节　保护修复流程图

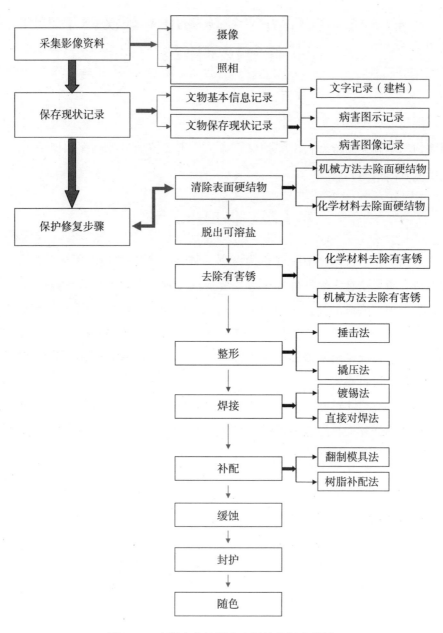

图 3 - 1　南湖乡东汉铜牛车保护修复流程图

第 3 节　保护修复方法与实验研究

对南湖乡林场铜牛车的保护方法有倍半碳酸钠浸泡法、氧化银封闭、锌粉电化学还原、酒石酸钾钠、六偏磷酸钠除锈等。修复方法涉及有整形工艺中的捶击法、撬压法；焊接工艺中的镀锡法、直接对焊法；补配工艺中的翻制模具法；作旧工艺中的画、喷、涂、点、抹等技法。

另外在保护中运用的冷热交替脱除可溶盐、超声波深度锈蚀转化有害锈、调节 EDTA pH 值除锈等方法均进行过前期试验与研究工作。

1　保护方法

1.1　清洗与机械除锈法

这件铜牛车表面附着的坚硬锈蚀和土锈混合物的去除采用了清洗与机械方法，先使用蒸馏水或去离子水清洗器物表面后，再配以机械和电动工具通过打磨、振动将锈蚀及矿化物通过摩擦、震落脱离。对于手工难以去除的坚硬土锈，可采用六偏磷酸钠、酒石酸钾钠和 EDTA 二钠盐络合软化后再去除。

1.2　脱出可溶盐

器物深层可溶性有害离子的去除，可采用振荡、超声波、冷热交替方法，脱盐溶液为蒸馏水。对于腐蚀严重、局部矿化的车辕等部件采用冷热交替法脱除可溶盐。锈蚀致密、保存完整的车厢板的脱盐工作可在超声波清洗器中进行。可溶盐的脱除效率，采用硝酸银定性方法进行评估，脱盐后的青铜器一定要用电吹风机、烘干箱强制干燥，以避免青铜器进一步腐蚀。

1.3　物理、化学、超声波加速等方法去除有害锈

铜牛车上有害的锈蚀物，可选用物理、化学、超声波加速等方法去除。在具体实施中以物理与化学试剂除锈为主。

车厢板局部点蚀锈的去除，可使用手术刀剔除点蚀坑内的有害锈，靠近基体的腐蚀区可用超声波洁牙机配合完成，运用机械法除锈的效果以见到基体为佳。鉴于单一的机械法去除有害锈不能达到彻底根除的目的，依据操作中的具体情况，可分别选择局部电解还原、电化学还原、氧化银封闭、倍半碳酸钠转化等方法继续清除。当经过机械除锈见到青铜基体或经化学材料除

锈后形成可溶络合离子后,再实施氧化银封闭方法。具体操作时用无水乙醇(R)将氧化银(AR)调制成糊状填充在点蚀坑内,然后用树脂或调色漆皮将坑口封闭。

牛身表面的瘤状物较多,牛头等处的疱体为多个集中在一起,这些疱体的清除可采用机械法,其操作可分两部进行,首先用小凿子将疱体击碎,再采用剔和剜等手法去除。机械除去疱体后,在腐蚀凹坑处,可将锌粉用无水乙醇水溶液调成糊状涂敷在病灶部位,再滴加5% (W/V) 的氢氧化钠作为介质参与反应,反复多次以达到根除有害锈的目的。

车轮、车厢板等处的粉末状有害锈和器物表层下面还含有氯化物的部位,可在机械除锈的基础上,采取超声波加速的倍半碳酸钠置换方法,该方法可以提高化学反应速度、避免复盐的生成,减少化学试剂对环境的污染,使有害锈转变为稳定锈的反应更为彻底。超声波除锈时应根据器物的腐蚀状况,现场制定工作条件与置换时间。

覆盖在车毂与车辐连接处等部位层状堆积的腐蚀产物,虽然相对无害,但其酥松的锈层既是有害锈形成的孕床,也严重影响铜牛车的观赏价值。这类锈蚀可无需采用化学试剂清除,应用机械方法小心剔除为佳。

处理青铜器要使用去离子水、蒸馏水或纯净水,确保不带入有害氯离子。处理中使用了这些含水试剂后,则应尽快采取措施强制干燥(红外灯、热吹风机等)。

1.4　缓蚀

由于敦煌市博物馆对环境中的污染物和温湿度的控制达不到青铜器安全保存的要求,铜牛车除锈后需进行缓蚀处理。鉴于铜牛车由牛体与牛车两部分组成,可选用低浓度BTA长时间浸泡缓蚀为主和高浓度BTA为辅的涂刷处理方法。为了防止泛白现象的出现,缓蚀前对器物要进行强制干燥处理。

1.5　表面封护

表面封护是减缓环境变化冲击和环境条件达不到要求时的一种办法,能够大大增强器物对空气污染的抵抗能力。表面封护材料以丙烯酸树脂类为主体。铜牛车的铜牛、车轮、后车厢板和车舆等小部件可采用手工浸涂法进行封护处理。

2　修复方法

2.1　撬压及物理分解法

铜牛车的车轮及车厢板变形严重，需要整形，整形方法概括起来有捶击法、扭压法、锯解法、加温法、撬压法和顶撑法等方法，根据前期的观察，铜牛车的整形采用以下方法：

1）先用捶击法、撬压法将变形部位一点点整形。

2）如捶击法、撬压法效果不好可考虑将车轮和车厢板之间的锈蚀用机械法或化学法一点点地去除，实施操作时根据具体情况选用一种更利于保护文物、减少损伤的方法。

3）车轮与车厢板分开后应作一些物理测试，观察其金属的色泽以便了解金属的性质，如果还具有金属的性质，可以考虑将分开后的车轮与车厢板用撬压法结合锤捶击法将变形部位矫正过来。

4）如果完全不具备金属性质，应采用分解或其他的方法的将其矫正。

2.2　镀锡法、直接对焊法

铜牛车整形后需要焊接的部位一是原铆接的车轴与车舆脱铆分离处，二是一侧车轮与车轴的断开处。焊接的方法有直接对焊法、镀锡法、加芯子法及银锭扣法等，根据铜牛车的原有结构及腐蚀程度，可先分析一下现有状况再决定采用何种方法。铜牛车的车轴结构较为独特，车轴横穿在车舆下，两端贯入毂中，但车轴不是一根整体，而是从中间断开。断开的车轴分为两截，呈扁方形状分别用铆钉与车舆铆接，两端则是露出的圆形车轴与车毂套接。依此，可采用以下方法：

1）在铜牛车通体锈蚀严重的状态下，车轴与车舆的连接不易采用铆接的工艺，应采焊用接的工艺。

2）原铆接的部位改用焊接法后用镀锡法焊接，事先在两块铜片上分别镀上锡，然后合并在一起再焊接。

3）车轴与带轮车轴的对接采用直接对焊法焊接。

2.3　翻模补配法

补配也是青铜器修复中不可或缺的一个重要环节，由于铜牛车车辕的残缺，需要补配出缺失部分，补配的方法多种多样，都能够达到原有的效果，有打制铜皮补配法、翻制模具补配法、树脂胶类补配法、塑形补配法等，翻制模具法又分为在模具中铸造出铜胎、铅锡胎或灌注树脂胶，最后将其焊接或粘接在缺失部位上。铜牛车可采用以下方法补配：

1）用"多用修补胶棒"作为翻模材料翻制车辕模具。

2）车辕模具翻制好后，用914环氧树脂胶灌入其中作为缺失部位的补配材料复制出车辕部位。

3）将复制好的车辕及折断的车辕粘接到相应的部位。

2.4　清理焊道及点泥作锈法

铜牛车的整形、焊接、补配完成后，可呈现完整的器形，但还要将使用上述工艺后暴露出的痕迹用随色的方法加以遮掩，使其与周边的衔接浑然一体，可采用如下方法：

1）随色前要用电磨机、锉刀、砂纸等工具、材料，对焊接、补配的焊道等部位进行清理，将高出的部分均匀地打磨掉，使其平整地与周边对接。

2）焊道清理完后，由于锡的焊口具有一定的白色光泽，随色时很难将其遮盖，所以还要用毛笔蘸清洁溶液在焊道上描一遍，使它的色泽暗淡，变成不露光泽的黑灰色，然后用纯净水冲洗干净晾干。

3）对有些焊道还留有缝隙或补配处还不够平整的部位，用原子灰作为装饰腻子将其补平，待固化后用水砂纸反复打磨，直到符合随色的标准。

4）为了增加随色时颜色对器物的附着力，随色前再用虫胶漆在焊道上及补配处涂抹一遍。

5）用油画笔根据色彩的上下层次关系、分布特征，用各种矿物颜料采取弹、拨、崩等技法，再结合"点泥作锈"等技法，达到整体和谐的效果。

以上这些工艺技法的应用是中国古代青铜器修复中传统技法的一部分，有着悠久的历史，被实践证明是行之有效并被广泛应用的技法。我国许多重大考古发现出土的青铜器的保护修复均采用了这种传统工艺，比如四川广汉三星堆出土的青铜器、河南山彪镇与琉璃阁出土的青铜器（现在台北中央研究院历史语言研究所）的修复均采用了上述传统技法，二者涉及的青铜器的残损程度都比铜牛车要大，施加的工艺方法也比铜牛车要多，所以上述技法运用起来符合中国出土文物的国情，是一种很成熟的工艺。

3　试验与研究

南湖乡林场铜牛车的保护中运用的冷热交替脱除可溶盐、超声波加速转化有害锈和通过调节 EDTA 二钠盐的 pH 值除锈等方法均经过前期的实验与研究。

3.1　冷热方法脱除可溶盐实验

青铜器表面硬结物、附着土和疏松且易于吸湿的锈蚀物中含有可溶盐，主要化合物有 NaCl、$MgCl_2$、Na_2SO_4、$MgSO_4$、$NaHCO_3$、Na_2CO_3。

保持青铜器稳定的一个重要指标是器物上可溶盐的去除。脱盐实质上主要是指脱除青铜器中的氯化物和硫酸盐等有害物质，因为它对文物的腐蚀是不可忽视的，脱盐不仅可清除隐藏在器物内部的隐患，而且对下一步的缓蚀与封护工作带来便利。

国外金属脱盐的方法有水溶液法、碱性亚硫酸盐还原法、碱液清洗法、Soxhlet 洗涤法、电解还原法、电泳法等多种。国内金属文物脱盐方法以静置、冷热、煮沸、振荡、超声波居多。

国家博物馆文物保护中心曾通过电导率、离子色谱测试方法对在静置、冷热、振荡条件下有害盐物理脱除效果进行了比较实验。分析结果表明：冷热交替脱盐优于振荡和静置。冷热交替、静置和振荡脱盐效果示意图见图 3-3。

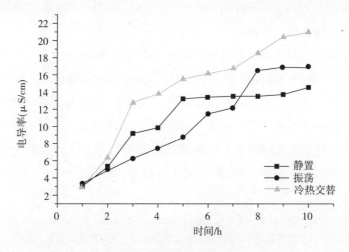

图 3-3　静置、冷热交替、振荡脱盐效果示意图

冷热交替法是利用热胀冷缩原理，将器物内部毛细血管深处的可溶盐清洗出来。电导率分析结果表明：这种热胀冷缩效应，可使冷热脱盐样品在2h内脱盐率达到60%左右[1]。

铜牛车腐蚀严重部位的脱盐方法拟采用冷热交替法。

3.2 超声波的加速反应实验

带有有害锈的青铜器浸泡在倍半碳酸钠溶液中，随着溶液中碳酸根离子和碳酸氢根离子的不断消耗，氯化亚铜中的氯离子与钠离子结合生成可溶性的盐溶解在溶液中，碱式氯化铜逐步转化为稳定的碱式碳酸铜。

$$CuCl \cdot 3Cu(OH)_2 + CO_3^{2-} \longrightarrow CuCO_3 \cdot Cu(OH)_2 + Cl^-$$

但是在倍半碳酸钠溶液中有害锈转变为无害锈，短时间内反应不彻底，反应周期长。青铜器长期浸泡在倍半碳酸钠溶液中，易在文物表面形成难溶的复盐，还需要通过搅拌或定期更换溶液避免上述现象的出现。

为了推动和促进倍半碳酸钠溶液中锈蚀转化速度，提高氯离子的提取率，超声波技术的引入可以加速去除有害锈的进度。利用超声波的空化作用所引起的力学、热学、化学等效应加速溶液中的化学反应，并促进化学反应进行得更为完全。为了研究超声波技术对化学反应加速作用在文物保护研究中的应用，找出定量关系，我们进行了超声波加速去除氯离子实验。通过超声波加速和静置两组溶液中氯离子和铜离子浓度变化、溶液pH变化等实验得出，超声波的加速作用在60分钟内可达到21天静置的浸泡效果，对锈蚀致密、器形完整的青铜器的深层转换效果理想[2]。

铜牛车车厢板有害锈蚀的转化拟采用超声波加速法。

3.3 针对不同腐蚀产物调节EDTA二钠盐pH值除锈实验

乙二胺四乙酸（EDTA）是含有羧基（硬碱）和氨基（中间碱）的螯合物，能与许多硬酸、中间酸以软酸型的阳离子形成稳定的络合物。在以往青铜器上腐蚀产物和表面硬结物清除的局部实验中EDTA络合效果优于柠檬酸、碱性酒石酸钾钠、草酸除锈剂等[3]。其优点如下：

---

[1] 杨小林，胥胥. 离子色谱（IC）在文物保护中的应用. 北京：科学出版社，2007.

[2] 潘路，杨小林. 超声波技术在文物保护研究中的应用. 文物修复与研究，北京：国际文化出版公司，1995：175.

[3] 杨小林，潘路，马燕如. 唐代鎏金天王像保护. 文物保护与考古科学，1998.

1）EDTA 是以氨基二乙酸为基体的有机螯合剂具有氮和羧氧二种亲核力很强的配位原子，络合力很强，可与许多金属离子形成稳定的络合物。与大多数金属离子络合时比例均为1∶1，络合比简单，它通常被称为金属离子的万能螯合剂。它本身多基配位体上有 6 个配位原子，负离子与金属离子最多能形成 5 个螯合环①。

2）EDTA 在不同条件下分别与硬酸、中间酸、软酸型阳离子反应生成稳定的螯合物。

3）EDTA 与锈蚀物形成的络合物溶于水，易于除去。

在青铜器上腐蚀产物和表面硬结物去除的实际操作中，为了使 EDTA 对不同金属离子络合能力增强，将反应中产生的水解效应、酸效应降到最低点，调节 EDTA 二钠盐的 pH 值是十分必要的，将 EDTA 二钠盐的 pH 值调到弱碱性，可大大提高 EDTA 的络合效果。国家博物馆文物保护中心的保护修复工作者运用此方法在司母戊大鼎、妇好三联甗等青铜器上的表面硬结物、有害锈的清除中得到了良好的除锈和软化效果。

铜牛车表面硬结物和粉末状锈蚀部位拟采用调节 EDTA 二钠盐的 pH 值方法去除。

3.4　氯铜矿、副氯铜矿在中性、弱酸性环境中溶解的速率动态实验

在以前对大量青铜器保护过程中我们发现，经机械除锈后，还残留有害锈的病灶处，经蒸馏水清洗数 h 后，会有黄绿色新锈产生，该锈蚀经 XRD 结构分析表明，主要物相是氯铜矿、副氯铜矿。

为此，国家博物馆文物保护中心对氯铜矿、副氯铜矿在中性、弱酸性环境中溶解的速率进行动态实验。

实验证明，氯铜矿和副氯铜矿的溶解是一个比较复杂的过程，包括沉淀的溶解、电离并涉及到铜离子的水解等，最终的结果取决于多个平衡的相互作用。因为，氯铜矿和副氯铜矿结构的不同，所以，二者溶解、电离和水解的平衡过程是不同的。因而导致了最终溶液 pH 值的差异。

纯水中，氯铜矿部分溶解，溶液 pH 值由原来的 6.65 上升至 7.30 左右，为弱碱性，随时间延长缓慢上升。副氯铜矿在纯水中部分溶解，溶液 pH 值由原来的 6.65 降为 5.80 左右，为弱酸性，随时间延长缓慢上升。弱酸性环境

① 武汉大学. 无机化学. 北京：人民教育出版社，1978.

中，氯铜矿在酸性溶液中部分溶解，溶液 pH 值从 2.42 上升至 5.00 左右，随时间延长缓慢上升。副氯铜矿在酸性溶液中部分溶解，溶液 pH 值从 2.42 上升至 4.50 左右，随时间延长缓慢上升。

氯铜矿在水溶液的电离、水解平衡可以大致表示为以下方程式：

$$Cu_2(OH)_3Cl = 2Cu^{2+} + 3OH^- + Cl^-$$

$$Cu_2(OH)_3Cl = Cu(OH)_2 + Cu^+ + OH^- + Cl^-$$

氯铜矿溶解后，在其水溶液中产生了铜离子、氯离子和氢氧根离子，同时由于铜离子水解的原因，也会产生少量的氢氧化铜。当溶液平衡后，溶液中存在铜离子、氯离子、氢氧化铜、氢氧根离子和氢离子。因为，氢氧根离子远多于水电离出的氢离子，所以，这是一个碱式电离的过程，溶液呈弱碱性。

同样地，副氯铜矿在水溶液的电离平衡可以大致表示为以下方程式：

$$Cu_2(OH)_3Cl + H_2O = 2Cu(OH)_2 + H^+ + Cl^-$$

相反地，副氯铜矿的离解是一个酸式电离的过程。溶液中的铜离子大量地与氢氧根离子结合而形成了氢氧化铜。当溶液平衡后，溶液中存在氢氧化铜、氢离子和氯离子。氢离子浓度较大，所以溶液呈弱酸性。

粉状锈在中性、弱酸性环境中溶解速率动态实验证明：中性条件下，氯铜矿比副氯铜矿溶解电离出更多氯离子。弱酸性环境并未导致氯铜矿溶解度增加，但导致了副氯铜矿溶解度的显著增加。如果将氯铜矿假定为活性粉状锈，那么在一定酸度条件下非活性的副氯铜矿也呈现出它活性的一面。氯铜矿和副氯铜矿在水、弱酸中的离解方式不同，副氯铜矿为酸式电离，这不仅使溶液的 pH 值下降，同样导致其溶解度加大，产生更多的氯离子，酸度到一定程度就会导致腐蚀继续进行，最后造成青铜器的不稳定[1]。

实验给予我们的启示是：虽然碱式氯化铜是难溶化合物。但在水和弱酸性溶液也部分溶解。

为了避免在铜牛车的保护中，因反复多次用蒸馏水擦洗病灶去除过量试剂的同时，造成局部湿度加大，使得未清除的有害锈在中性介质中发生溶解，电离出氯离子，造成该区域除锈中的再腐蚀现象出现，可在铜牛车点蚀凹坑内残留试剂的清洗中将蒸馏水清洗剂改用无水乙醇（CH_3CH_2OH）。

---

① 国家博物馆. 金属类文物的病害及其防治研究课题，2004.

第4章　敦煌南湖乡林场出土东汉铜牛车保护修复步骤

南湖乡林场铜牛车保护修复步骤由去除表面硬结物、可溶盐和有害锈、整形、焊接、补配、缓蚀、封护和随色部分组成。

在铜牛车保护修复的具体实施中，对器物上的表面硬结物质、可溶性盐和有害锈采用了物理方法与化学材料相结合的技术手段进行去除，修复环节中则根据文物的变形、矿化程度，运用了撬压、镀锡焊接等方法。

第1节　物理方法和化学材料去除表面硬结物和有害锈

铜牛车通体腐蚀十分严重，不同颜色的锈蚀物布满器身，点腐蚀、层状剥离、瘤状物、通体矿化等病害处的锈蚀物为氯铜矿和副氯铜矿，在范土残留、表面硬结物中也检测出含有氯离子和硫酸根离子，另外，层状堆积、挤压变形的病害区域的锈蚀物以蓝铜钠石为主。这些表面和器物内部深层的有害物质和体积膨胀且有酥松的锈蚀产物如不去除，将严重危害着青铜器。面对着点蚀、表面硬结物、瘤状物、粉末状等不同类型的腐蚀产物的清除，首先采用物理方法。

运用机械法去除有害锈蚀和表面硬结物，是青铜器保护修复中值得推崇的方法之一，虽然这种利用物理接触摩擦原理，采用手工或动力工具清除锈蚀的方法劳动强度较大，除锈效率较低，逐渐被激光清洗、喷砂除锈、电化学还原等方法所替代，但此法具有易于控制，不留残留物，不会导致文物外观颜色变化的优点，因此被广泛应用在文物保护中。

机械法去除有害锈蚀和表面硬结物的工具有：手术刀、手术凿子、手术錾刀、微创牙挺和根管填充器、牙探针、锤子、微型打磨机、刻字机、超声波洁牙机和不同规格的磨头。

1 表面硬结物质的去除

表面硬结物是指青铜器表面覆盖铭文和花纹的硬质覆盖层[①]。

南湖乡林场铜牛车出土时锈蚀物表面覆盖一层墓葬土，出土后因保存环境中有害气体、温湿度、粉尘等影响器物锈蚀斑斑，致使铜牛、铜车表面形成了一层由二氧化硅（SiO_2）、斜长石［（Na，Ca）Al（Si，Al）$_3O_8$］、伊利石［KAl_2（Si_3Al）O_{10}（OH）$_2$］、高岭土［$Al_2Si_2O_5$（OH）$_4$］和少量铜锈组成的坚硬物质，这些表面硬结物中的可溶盐内含有 Cl^-、NO_3^-、SO_4^{2-} 侵蚀性离子。

1.1 机械法去除表面硬结物

铜牛车上的表面硬结物紧密附在基体或锈蚀之上，有的厚、有的薄，有的坚硬，有的则相对疏松。

"工欲善其事，必先利其器"。除锈工具的选择是十分重要的。在机械清除器物表面硬结物时，我们选择了以下手动工具和半自动小型器具：竹片、手术刀、凿子、錾刀、锤子以及微型打磨机、刻字机、超声波洁牙机和不同规格的钻头。

车辐、车舆等处表面坚硬物质的去除，采用打磨机平面打磨和锤子、凿子、錾刀等手工剔除法交替进行。紧靠着基体的硬结物质可用刀刃圆润的工具轻轻剔除，附着在基体上的土锈层的去除，则需竹片等质地较软的工具完成。对于基体保存较好的南湖乡林场铜牛上的硬结物通过刻字机、超声波洁牙机的振动功能将被除物质振松后，手工剔除；车辕处疏松的表面硬结物直接用錾刀、凿子敲击相应部位去除。

1.2 化学材料去除表面硬结物

对于使用手工和机械方法也难以去除的铜牛车局部坚硬的土锈，可利用六偏磷酸钠[②]和 EDTA 对钙镁等金属良好的螯合作用，对其进行软化后，手工剔除。具体操作如下：

---

① 国家文物局. 馆藏青铜器病害与图示. 北京：文物出版社，2008.
② 六偏磷酸钠是无色透明玻璃状粉末，有潮解性，在水中溶解缓慢，在水中溶解后形成正磷酸盐，对钙和各种金属的配合效果好，吸附于固态表面，充分发挥了分散性的作用. 六偏磷酸钠水解后有微弱的还原性，并有很好的洗涤效果. 表面硬结物中的钙质沉积物可和六偏磷酸钠反应生成易溶的络合物. 马清林，等. 中国文物分析鉴定与科学保护，北京：科学出版社，2001：144.

配制 pH = 9 的 5%（W/V）EDTA 二钠盐，将脱脂棉涂敷在待软化的硬结物处，用滴管均匀的滴加在脱脂棉上，直至饱和，为了防止溶液挥发，在其上盖上一层保鲜膜。60min 后，脱脂棉上渗出蓝色，由此可认为部分铜锈和钙镁物质与 EDTA 发生了螯合反应，这时用手术刀刮去已软化的物质，然后再进行进一步软化。软化后的硬结物较易用机械方法去除。

2　物理方法去除有害锈

青铜器上的有害锈如同人体的癌细胞一样，癌症要想根治、就需要先采用物理方法将病灶根除后，再进行化疗，同样青铜器上有害锈的根治，则以机械除锈法和化学材料相结合的技术手段为佳。

2.1　车厢板处点蚀部位有害锈的去除

车厢板的上方有 6 处点腐蚀病害，XRD 检测结果证实点蚀坑内含有氯化亚铜，此处的锈蚀硬度较低，莫式硬度为 2.5。机械除锈时，依据点蚀的大小，首先选择微创牙挺剔除点蚀坑中锈蚀物，待大部分锈蚀清除后，再更换根管填充器或牙探针等牙科机械工具进一步剔除，直至见到青铜基体为佳。经过 3 个多 h 的机械除锈后，在大约 1~2mm 深处见到了金属基体。依靠单一的机械方法去除有害锈是不能达到彻底根除目的，此处残留的有害锈还需下一步采用化学手段继续清除。

2.2　牛身等处瘤状物部位有害锈的去除

牛身上有多处瘤状物，牛颈下方的瘤状物更为明显，器物上大部分瘤状物较为坚硬，多个集中在一起。也有少量的瘤状物壁较薄。

坚硬的瘤状物用手术刀和微型打磨机去除，这些瘤状物较难剔除，其接近基体的锈蚀为砖红色。对于壁较薄的瘤状物，可分两部进行，首先用小凿子将疱体击碎，再采用剔和剜等手法去除。靠近基体的腐蚀区用超声波洁牙机配合完成，效果较理想。薄壁的瘤状物的剔除相对容易，击破的疱体可见少量的浅绿色粉末物质和砖红色锈蚀物。剔除后的瘤状物同点腐蚀病灶一样，也同样需采取化学方法继续清除。

2.3　车轮、车辐等处粉末状有害锈的去除

车轮、车辐、车厢板表面附着大量的粉末状有害锈，这些部位靠近外层的有害锈往往与表面硬结物和碳酸铜盐等物质混合在一起，十分坚硬。粉末

状有害锈表象同点腐蚀和瘤状物不同，其锈蚀区面积大，腐蚀产物呈粉末或细小颗粒状，颜色多为绿色、浅绿色。

粉末状有害锈的清除，先用手术刀、小铲刀等工具将表面疏松的锈蚀铲除，较坚硬的表面锈用小凿子轻轻敲击，待其振动疏松后去除，靠近内层的有害锈则需要小型打磨机、超声波洁牙机配合清除。对于难以去除的有害锈还要通过下一步氧化还原、电化学还原和倍半碳酸钠浸泡等方法进一步去除。

2.4　牛腿等处层状剥离部位有锈蚀的去除

牛腿、足部和车轮等部位层状剥离现象十分严重，层与层之间夹杂有泥土，牛腿、牛蹄处的腐蚀产物因体积膨胀致使锈蚀层状剥离。

层状剥离处锈蚀的去除：首先选择錾刀和刻字机进行手工除锈，用錾刀在层状剥离病害部位轻轻敲击，待锈蚀层松动后，用刻字机通过振动将层状锈蚀物质去除，清除后的病灶还要做进一步的化学清洗。

2.5　车毂等处无害锈的去除

覆盖在车毂与车辐连接处等部位层状堆积的腐蚀产物主要由蓝铜钠石和孔雀石组成，虽然这些铜锈相对无害，但酥松的层状堆积物，严重降低了铜牛车的观赏价值及遮盖了其制作信息，重要的是疏松且易于吸湿的锈蚀物是有害气体的温床，因此局部去除这些物质是十分必要的。对于这类锈蚀无需采用化学方法清除，应用机械方法小心剔除为佳。车毂与车辐连接处层状堆积的腐蚀产物就是完全用超声波洁牙机机械剔除的。

第2节　脱出可溶盐

铜牛车表面硬结物、范土残留、附着土和部分锈蚀物中含有可溶性侵蚀离子（Cl^-、SO_4^{2-}）。除范土残留外，上述物质内的可溶盐在机械法和化学材料除锈的过程中已部分清除，但深层的可溶盐中的有害离子依然存留在这些物质中。针对铜牛车各部件腐蚀程度的不同，我们选择了超声波和冷热交替方法脱除可溶盐。蒸馏水为脱盐溶液。对于腐蚀严重、局部矿化的车辕等部件采用了冷热交替法脱盐，锈蚀致密、保存完整的车厢板的脱盐工作在超声波清洗机中进行。可溶盐脱除前先用刷子将车厢板、车轮、铜牛等各部分刷洗干净。留取500ml蒸馏水作为定性试验洗涤液和备用空白样。

1　冷热交替法脱出可溶盐

冷热交替法使用的蒸馏水温度以 100℃ 和 20℃ 为佳，冷热交替时间为 50min。具体操作如下：

将车辕、铜牛等部件浸泡在 20℃ 的蒸馏水中，50min 时留取 15ml 浸泡液，待分析，随后将各部件迅速放入 100℃ 的蒸馏水中，为了保持水温相对恒定，容器放置在加热电炉或保温套中，50min 后再次取出，留取 15ml 浸泡液，二次置于 20℃ 的蒸馏水中。以此类推。白天采取冷热交替方法脱盐，晚间转为静置脱盐。

在脱盐的过程中对脱盐效果采用氯离子硝酸银定性方法进行检测。一个空白样带一个试样。经过 60 个多 h 的冷热脱盐后，浸泡液中的氯离子浓度等于或低于 4ppm。冷热交替脱盐工作结束。

2　超声波脱出可溶盐

超声波具有提高溶液温度，加大振荡力度减少扩散层厚度的功能。超声波可使溶液产生众多小气泡，这些小气泡在形成生长和闭合时产生强大振荡力，使青铜器内部的可溶盐迅速脱离，从而加速脱盐过程，超声时产生的热能使溶液温度升高，也同样加快盐分的析出。超声波方法适用于完整和腐蚀较轻的青铜器上可溶盐的脱除。具体操作如下：

脱盐前先用毛刷刷洗车厢板，目的在于去除器物表面污垢，为硝酸银定性分析提供良好的实验条件。将车厢板放入 KH3200B 超声波清洗机中，倒入蒸馏水，溶液以没过器物 3cm 为佳，温度调至 30℃，6min 后取出车厢板并提取 10ml 脱盐溶液，此时提取的溶液呈黄白，过滤，此样品硝酸银定性分析的实验现象为溶液浑浊，有少量絮状沉淀物，二次将车厢板放入更换了蒸馏水的超声波清洗机中进行超声波脱盐，工作条件同上。5min 后再次取出车厢板和 10ml 脱盐溶液，这时的溶液略显浑浊，过滤，在滤液中滴加 1 滴硝酸银后溶液呈浅乳白色。第三次超声波脱盐的时间为 3min，其他工作条件不变，第三遍的脱盐溶液未过滤，硝酸银定性分析实验现象证明，溶液透明无白色沉淀生成。将车厢板放在容器中，倒入蒸馏水，室温下静置脱盐。24h 后，静置脱盐的浸泡液经硝酸银定性分析，实验现象同第三次定性试验相同。脱盐后的车厢板用电吹风机强制干燥。

因为车厢板整体完整、锈蚀物较少，因此可经过短时间的超声波脱盐和一天静置脱盐后达到脱除器物锈蚀中的可溶盐的目的。

第3节　化学材料除锈

通过物理方法很难彻底根治点腐蚀、层状剥离、瘤状物等病灶，应采用化学试剂除锈、局部电解还原、电化学还原、氧化银封闭、倍半碳酸钠转化等方法继续清除有害锈。

1　车厢板点蚀处的化学材料除锈

采用物理方法除车厢板处点蚀的过程中仍不免有少量残留的有害物质，车厢板上方点蚀处有害锈的进一步的去除，选择酒石酸钾钠［$KNaC_4H_4O_6$］[①]作为除锈剂。

首先在点蚀病灶处滴加1滴3%（V/V1）的双氧水（H_2O_2）[②]清洗病灶。清洗完毕后，在经过机械除锈的点蚀坑内用滴管滴加5%（W/V）酒石酸钾钠或用棉签蘸该试剂涂敷在点蚀部位。120min后可见点蚀坑周围出现黄绿色物质。

由于甘肃保护现场没有相关的检测设备，不能对该物质进行科学的认定，但是在过去的保护过程中我们曾多次发现，经蒸馏水清洗后的点蚀部位，数h后，滋生的黄绿色新锈为氯铜矿、副氯铜矿。

为了避免因反复多次用蒸馏水擦洗病灶去除过量的试剂，而造成局部湿度加大，诱发有害锈生成，在该区域运用无水乙醇[③]擦洗。

---

　　① 酒石酸钾钠中含有的羧基可与铜离子在碱性条件下结合成络合离子，在过量的酒石酸钾钠的存在下与铜锈形成稳定的络合物而溶解. 陆寿椿. 重要的无机化学反应. 上海：上海科学技术出版社，1963.

　　② 双氧水具有极弱的酸性，在水溶液中分两部电离，该试剂既可以作为氧化剂被还原为 -2 价（H_2O），也可作为还原剂而被氧化成 0 价（O_2）. 在有害锈的去除中，双氧水不会给反应溶液中带来杂质离子，利用其氧化还原特性来清洁有害锈病灶.

　　③ 从酸碱理论的角度分析，二价铜离子是中间酸，一价铜离子是软酸. 乙醇中的羟基属于碱，乙醇和水一样，同样可接受质子为路易斯碱，它可以分别与氯化亚铜、氯化铜反应. 我们曾经做过如下试验，取少量的氯化亚铜、氯化铜试剂分别溶于无水乙醇溶液中. 氯化铜在该溶液中全部溶解，溶液呈绿色. 氯化亚铜部分溶于无水乙醇溶液中，溶液呈乳白色混浊，这是因为氯化铜与乙醇易形成酸碱络合物，全部溶于乙醇溶液中，其现象符合 SHAB 原则. 而铜的一价离子是软酸，与乙醇中的羟基结合成酸碱络合物时反应速度较慢，因此溶液呈乳白色混浊. 利用乙醇的特性在清除有害锈的同时，可有效地抑制保护过程中有害锈的进一步生成.

　　铜牛车车厢板处的点蚀区域上的有害锈在经过机械除锈、化学试剂除锈后再实施氧化银封闭方法，可更有效地根治有害锈。将不稳定的有害物质与空气中的氧和水隔绝，转变成稳定的物质。具体操作如下：用无水乙醇将分析纯的氧化银调制成糊状填充在点蚀坑内，然后用多用修补胶将坑口封闭。

2　牛身等瘤状物处残留有害锈的化学除锈

　　运用物理方法不可能彻底清除牛身上的瘤状物，去除的疱体下方仍会残留少量绿色、砖红色锈蚀。鉴于疱体与点蚀相比面积大、腐蚀凹坑浅，因此，此处的除锈分两步进行，即络合反应和置换反应。

　　1）络合反应：对于疱体下方残留的绿色锈蚀处，先用棉签蘸无水乙醇溶液擦洗病灶区域，再将脱脂棉浸泡在 pH = 8 的 10%（W/V）EDTA 二钠盐溶液中，敷在上面，待其凹坑处的脱脂棉有蓝色渗出后，取下脱脂棉，用无水乙醇擦洗，稍大的凹坑处可用毛细滴管直接滴加 1 滴络合剂在坑中。另外，砖红色锈蚀多为氧化亚铜，较难软化，此处的锈蚀采用 5%（W/V）硫脲和10%（W/V）EDTA 二钠盐复合溶液清除，效果较为理想。具体操作时，用棉签蘸少许取复合溶液反复擦洗砖红色锈蚀处，对于疱体密集地方的残留绿色、砖红色锈蚀混为一体的区域也可直接用复合溶液清除。

　　2）置换反应：为了达到根除有害锈的目的，在机械除锈和络合软化的基础上，再在病灶处进行电化学还原除锈，先用无水乙醇溶液将锌粉调成糊状，涂敷在凹坑病灶处，再用胶头直行滴管滴加 1 滴作为介质参与反应的氢氧化钠（NaOH）。经电化学还原的地方要反复用蒸馏水擦洗，直至 pH 值为中性。

3　牛腿等处层状剥离部位有害锈蚀的化学除锈

　　牛腿等处层状剥离处的锈蚀部位，多属腐蚀严重区域，其病害表象为锈蚀堆积、膨胀、疏松、层状分离，层与层之间夹杂有泥土，有的泥土与铜锈交织在一起。经过机械除锈后的病灶相对平整，部分地方露出氧化亚铜锈蚀层，考虑到层状剥离的地方有残留的土锈和铜锈，因此，化学除锈剂选择了对钙镁离子络合效果较好的六偏磷酸钠 [（NaPO$_3$）$_6$]，因为层状剥离的病害面积比点腐蚀、瘤状物大，所以将脱脂棉置于病灶之上后，用一次性滴管吸取 10%（W/V）六偏磷酸钠，逐滴滴加在脱脂棉载体上，直至饱和。反应 2h

后取下脱脂棉，蒸馏水清洗 3～5 次，自然干燥 1h 后再进行 2 次处理。在实际操作中我们感到，对于深层次的锈蚀物而言，光靠络合、电化学和氧化还原反应等技术手段均达不到全面除去青铜器内部有害锈的目的，因此残存有害锈和深度锈蚀的转化应选用倍半碳酸钠深度清洗法。

4　车轮、车辕表面与深层有害锈的化学方法转换

铜牛车上粉末状有害锈的面积较大，多集中在车轮、车辐分层处和车厢板上，这类大面积的锈蚀采用机械的方法更难以彻底清除。此处粉末状有害锈的进一步去除，采用了倍半碳酸钠水溶液浸泡法①，与此同时，与其他病害表面残留的有害锈和深层锈蚀的转换也能起到推动作用。

在有害锈转化的过程中，通过全程检测溶液中的氯离子，为该方法的实施提供科学依据，由于保护工作现场在甘肃省文物考古研究所内，没有离子色谱、氯离子选择电极等分析仪器，因此仍采用硝酸银定性分析检测氯离子，根据检测结果、适时改变工作条件。

针对铜牛车各部位腐蚀程度不同的特点，倍半碳酸钠浸泡的方法选择了超声波清洗和静置方法。对于腐蚀矿化严重的车轮、车辕等部位主要采用静置方法，其他部件运用了超声波清洗技术。具体操作如下：

将车轮、车辕以静置的形式浸泡在 5%（W/V）的倍半碳酸钠溶液中，由于倍半碳酸钠水浸法在短时间内，由有害锈转变为无害锈是很难达到的，而且因其反应周期较长，易在文物表面形成难溶的复盐。为了避免上述不利因素影响锈蚀转化的效果，我们改进了转化条件：

1）将倍半碳酸钠溶液加热到 30～40℃，随着温度的升高，提高反应速度，以加快转化效率。

2）通过搅拌或定期更换溶液，避免难溶的复盐蓝铜钠石的出现。

车辕浸泡在 35℃ 的 5%（W/V）倍半碳酸钠溶液中，每隔 2～3h 搅拌一

---

① 倍半碳酸钠是一种弱碱性试剂，对金属器物腐蚀性小，在对青铜的浸泡中通过多孔的锈层缝隙，将有害的锈蚀转化为铜的碳酸盐，多年以来一直应用于对青铜器的保护中．在倍半碳酸钠溶液中由于碳酸钠是强碱弱酸盐。在水溶液中呈碱性反应，pH = 9.89．带有有害锈的青铜器浸泡在倍半碳酸钠溶液中，随着溶液中碳酸根离子和碳酸氢根离子的不断消耗，氯化亚铜中的氯离子与钠离子结合生成可溶性的盐溶解在溶液中，碱式氯化铜逐步转化为稳定的碱式碳酸铜．

次，168h 更换溶液。定时对浸取液定性分析。铜牛车各部件体积小，白天浸泡溶液的容器可在保温套中保持温度，晚上浸泡液的温度同室温。

5　车厢板等有害锈的转换

车厢板体较为完整，矿化程度小，锈蚀致密，此处有害锈的转换选用倍半碳酸钠超声波法和静置浸泡法共同完成。具体操作如下：

将车厢板放在 KH3200B 超声波清洗机中，加入 5%（W/V）倍半碳酸钠溶液，温度调至到 40℃，时间 5min，超声波清洗的过程中保护人员不得离开工作现场，随时观察反应现象。5min 后取出车厢板，清洗机内的溶液浑浊，静置 15min 后，试管提取出的浸泡液呈淡蓝色，清洗机底部有少量灰白色物质，可以认为，这些脱落物是车厢板上表面硬结物和疏松的锈蚀。车厢板二次放入超声波清洗机前，应用毛刷刷洗表面残留物，在同等条件进行超声转化，车厢板三次深度清洗后的浸泡液呈绿色。

经过 15min 超声波转化后的器物还需转为静置法继续进行转换反应，其原因有以下二点：1）车厢板表面长时间在超声波中有可能产生轻微的划痕，2）器物局部腐蚀严重的区域有可能断裂。因此我们认为采用超声与静置相结合的形式转换有害锈是适宜的。采用静置法对车厢板进行倍半碳酸钠水浸的工作条件同车辕、车轮。

第 4 节　整　形

整形是通过在青铜器的变形部位施加一种相反的力，使变形部位朝相反的方向再一次变形，以达到整形的目的。这是青铜器修复各个环节中最艰难、技术含量最高的一种手段。铜牛车的变形应该属于压力、冲击力等外力造成的塑性变形，我们整形的时候就要根据金属的这些属性及不同情况采用不同的方法。

铜牛车的变形既然是压力、冲击力等外力造成的，那我们在整形的时候，也只能使用外力使它恢复原状，不管采取捶击法、扭压法、锯解法、撬压法和顶撑法等哪种方法，在操作之前，都要了解青铜器是否具备可操作性，即是否具有适应捶击的韧性和适应扭压的塑性，如果腐蚀程度轻，青铜基体含锡量小，变形程度小，变形部位薄就可以采用捶击的方法①，如果相反，则适应采用扭压的方法纠正变形。

1　变形车厢与车轮之间部位的分离

铜牛车变形情况较为复杂，整体腐蚀严重，变形部位为两个车厢板，一个车轮。从锈蚀程度看，该器物矿化严重，车轮和车厢严重变形并锈蚀在一起，既有车厢板和车轮的变形，又有这两个部位牢牢锈蚀在一起的特殊情况。所以，综合铜牛车这件文物的具体情况及其自身的金属性质等因素，在采用捶击法、撬压法之外，实施的过程中还要根据铜牛车车轮和车厢板锈蚀部位的具体情况随时调整。

遵守"恢复文物原状"的原则，对铜牛车进行了整形，为了真实地复原器物原状，在整形之前首先要考虑它的变形程度及自身的金属性质（金属性、强度、弹性、塑性、厚度）等因素，然后再决定采用何种方法。金属的变形有三种情况，一种是弹性变形，即金属在外力作用下产生变形，去掉外力，变形部位立即恢复原位；第二种是塑性变形，即金属在外力作用下产生变形，去掉外力，变形部位不能恢复原状，仍保持变形状态；第三种是弹性加塑性变形，既金属在外力作用下产生变形，去掉外力，变形的一部分恢复原状，另一部分不能恢复原状②。在前期我们对变形部位使用了捶击法、撬压法，边用木槌轻轻地捶打边观察整形效果，同时辅助使用木棍进行撬压，但是在进行过程中，由于一侧车厢与车轮紧紧地锈蚀在一起，整形效果不是很明显，这始终是影响整形效果的症结。在这种情况下，我们得出只有将车轮和车厢板先分离再分别整形才是最好的办法的结论，于是采用了先将车轮与车厢板分开后再整形的方法。考虑到用化学法用时较长以及所处部位的特殊性，采取了行之有效的机械清除车轮与车厢板之间的锈蚀的方法。具体操作为：左手持錾子，右手持小锤，一点点地剔除二者之间的锈蚀，在剔除过程中随时观察剔除的效果并调整持锤力度，对于这种腐蚀严重并伴有变形的青铜器的处理，要时刻小心防止意外情况的发生，在剔除到一定程度后，錾子的空间受到一定限制，所以采用电磨机带

---

① 高英. 古代青铜器传统修复技术. 中国历史博物馆馆刊，1980，（2）.
② 同上.

动砂轮片切割剩余的连接点，直至完全分离。此法的优点是既避免了因直接整形造成对器物的破坏，又极大地减少了整形中对车轮造成的损伤。

2　车轮的整形

车轮与车厢分离后车轮部只有一个受力点作为支撑，车轮具备了整形的条件，此时车轮与地面之间还未形成 90°夹角，还具有一定的变形角度，要将这一角度纠正过来。青铜器一般是由 Cu–Sn–Pb 三元合金组成，在地下埋藏环境中的各种腐蚀介质的影响下，它的金属性已发生了很大改变，这从它的金属光泽和颜色上就可以作出判断，用钢锉在断口的腐蚀层上锉一下，如果铜质的光泽良好，说明铜器还保持着较高的金属性，如果光泽不好，甚至还带有暗紫的颜色，说明铜质已不具有金属性。

首先对铜牛车车轴部位进行测试，观察此处的金属属性，用钢锉在车轴处锉出新铜，此处的铜质呈现出黄褐色，说明轴部还具有一定的金属属性，可以用整形的方法将其纠正。具体操如下：用类似整形中撬压法的工艺，为了增加整形中受力点的力矩，在车轮一侧绑上一根长于车轮直径的木棍，两只手分别抵住木棍的两端，一只手向内，一只手向外，同时发力，一点一点的纠正。边施加力边观察车轮的角度，在整形的同时，还要在车轴处进行机械除锈，用上述的方法逐步地清除轴部锈蚀，以减少整形中的阻力，边清除车轴中的锈蚀，边搬动木棍整形，二者结合起来直到车轴与车轮之间形成 90°夹角为止，完成车轮的整形。

3　车厢板的整形

车轮整形好了之后，右侧车厢板缺少了和车轮的依托，可以和左侧的车厢板一起分别整形。两个车厢板的变形方向是上端向内侧变形，而下端是靠前后两个点的榫卯结构与之相连，所以只要这两个点还具有金属性质，整个车厢板就能恢复原状。尽管榫卯结构已经锈死，但车厢板的结构是只有前后这两个点作为支撑，受力面积小，尝试着用捶击法一点点施加一些力，证明还具有一定的金属属性。为了避免单一捶击法对榫卯部位的震动过大，再结合撬压的方法，准备一根比车厢宽度略短一点的木棍，横放在车厢底部，一端抵住车厢板，另一端留出空隙，用另一根较长于车厢板高度的木棍，下方放在刚才的空隙处抵住木棍，用手分别抓住木棍的上半部分向车厢板的外侧方向施力，由于变形部位是在整个车厢板，所以要随时调整木棍的位置，整形到哪里，调整到哪里，再结合捶击法用木槌敲击变形的部位，随时观察并调整力度，逐步将变形的部位纠正过来，另一侧的车厢板同样采用此法将其纠正。

<h1 style="text-align:center">第 5 节　焊　接</h1>

焊接是将两块青铜器残片结合在一起的工艺，起连接作用的是焊锡，铜器所以能够和焊锡连接，是铜器焊口两边表面的金属和焊锡在高温条件下，各形成极薄的一层铜、锡合金，这层合金起着连接锡、铜的作用[1]。

青铜器能否焊接，完全取决于它的金属性，金属性越强，它的焊接强度也就越大，反之强度就越小。青铜器受埋藏环境的影响，产生一定程度的腐蚀，这种腐蚀如果只是表面上的锈蚀，还保持了基体的金属光泽，那就还能焊接；如果侵蚀到了基体，无金属光泽，而且到了很严重的程度，就不能焊接了；还有介于二者之间的具有一定光泽但光泽较暗淡的褐黄色，说明青铜器还具有一定的金属性，还适合焊接，但焊接强度就略差一些。所以青铜器能否焊接以及焊接强度的大小完全取决于它的腐蚀程度及它的金属性强弱，就是在同一件青铜器上，也有可能几种情况同时存在，那就要根据焊接条件，能焊接的就焊接，不具备焊接条件的则考虑用粘接的办法。

1　车轴与车舆的焊接

铜牛车车轴与车舆之间原来是用铆接的方法连接的，在通体锈蚀严重的状态下，考虑到这个部位铜质的腐蚀程度较高，况且铆接的部位是叠在一起的，情况比较特殊，如再用铆接法，铆接过程中造成的振动会对文物造成损害，所以改为焊接工艺中的镀锡法[2]焊接，上述情况如果不采用镀锡法，而是

---

① 高英. 古代青铜器传统修复技术. 中国历史博物馆馆刊, 1980, (2).
② 镀锡法焊接是一种在锉好焊口的焊面上分别先镀上锡再焊接的一种方法. 此法焊接适用于以下几种情况：一是焊口腐蚀较严重、金属性不强，不容易形成对焊，焊接后影响强度的青铜器；二是焊件很厚，面积很大，烙铁热量往往达不到，焊接后不牢固的青铜器；三是焊接的部位比较特殊，比如原来是用铆接的方法现在不适合铆接了改用焊接.

采用原来的铆接法，势必造成对铜牛车的再一次损害。另外，在铜牛车金属性不强、腐蚀严重的情况下，采用直接对焊法，在焊接时虽然焊锡填主了焊口，但是焊口两边的铜质和焊锡不能形成合金，存在具有一定距离的隙缝，因而不能形成焊接。而事先镀上焊锡①，只要能镀上，说明就具有金属性，就能形成焊接。具体操作为：烙铁的温度在183℃以上时焊锡才能融化，先将200w的电烙铁预热，将烙铁头锉成55℃左右的夹角，等到烙铁加热到一定温度，用烙铁边蘸松香，边摩擦焊锡，使焊锡均匀地镀在烙铁上。用电磨机将要焊接的车轴、车舆部位分别打磨出新铜，用毛笔蘸取松香液涂抹在新铜上，持电烙铁蘸取焊锡在新铜上来回拉动均匀地镀上一层锡，再将二者叠压在一起，用烙铁的温度将其熔化后焊接在一起。

2　车轴与带轮车轴的焊接

车轴与车舆焊接完成后，车轴的另一端还要与车轮中的车轴焊接，这部分的焊接采用直接对焊法焊接②，铜牛车的焊接是靠自身的重量固定住一端，然后拿起另一被焊物与其对接。具体操作为：用钢锉在车轴的两端分别锉出深度约是车轴直径2/3的新碴口，用毛笔蘸取松香液涂抹在新碴口上，这时用一只手扶着车轮，另一只手持镀上焊锡并达到温度的烙铁，将车轮中的车轴和与之相交的车轴对接，用烙铁蘸取焊锡沿着焊口拉动烙铁将其焊接上。在焊接过程中随时观察车轮与地面的角度，如果角度还有误差，可焊开，调整好角度再焊，直至完全焊接好。

第6节　补配、粘接

在经过整形、焊接之后，有些青铜器可能直接就可以进入打磨、补腻子、随色阶段，但对于南湖乡林场铜牛车来说，就不那样简单，由于车辕部位还

---

① 高英. 古代青铜器传统修复技术. 中国历史博物馆馆刊，1980，(2).
② 直接对焊法焊接，首先要先固定一块，可以将其中的一块用重物压住固定好，另一块拿在手中可以自由地调整角度，对于破碎为多块的器物可以选择一块较大的作为起焊点，靠自身的重力固定住，然后依次焊接，在焊接中可以灵活地采取任何方法将其中的一块固定，比如临时靠在一个地方、压住一个点、用台钳夹住等方法固定，然后拿住另一件对接施焊.

有缺失，这就需要采用补配的方法将缺失处恢复原样。补配也是青铜器修复中不可或缺的一个重要环节，补配的方法多种多样，都能够达到原有的效果，有打制铜皮补配法、翻制模具补配法、树脂胶类补配法、塑形补配法等，翻制模具法又分为在模具中铸造出铜胎、铅锡胎或灌注树脂胶，最后将其焊接或粘接在缺失部位上。但到底采用哪一种方法，这要在具体的实践中根据不同的情况酌情而定，灵活性与原则性的应用在青铜器各个环节的修复中是经常出现的，根据补配对象的具体情况及多年的经验积累灵活掌握。

这件铜牛车由于两只车辕的现状是通体矿化，一个残缺，另一个从根部折断，所以车辕部分不能采用用焊接的方法，因为这部分没有金属性，不具备焊接的条件，应采用粘接的方法。在粘接之前，用补配的工艺将其复原，先在完整的车辕处翻模复制出缺失的部分，然后将缺失部位补配完整，最后再将两只车辕分别粘接。

根据铜牛车车辕部分的具体情况，以环氧树酯胶类补配的方法为好，环氧树酯胶类补配是以环氧树脂或其他胶类做为补配材料的一种补配工艺。具体方法为：先在完整的车辕处撒上一层滑石粉作为隔膜剂，用多功能修补胶棒当做翻模的材料，切取一段棒胶揉捏均匀并碾成片状后贴在车辕的一侧，待其固化后，再截取一段多用修补棒胶按上述方法贴在车辕的另一侧，固化后将两块模具从车辕处取下，在模具的两个内侧均匀地刷上一层凡士林作为隔膜剂，将调好的914环氧树脂胶（选择跟周边色调接近的颜色，以使后边随色的工艺变得容易些）分别倒入两个模具中并合上用绳子捆紧，模具的一端用油泥堵死防止胶液流出，立在依托物旁待其固化，因为车辕比较细，为了增加其强度，在合上模具前在模具内加一根铅丝作为筋骨，固化后打开模具取出翻制好的车辕。要想将其和相对应的部分粘合在一起还要做一些准备工作，1）因为此时车轮已经焊接好，但车厢呈悬空状，必须有依托物将其架起；2）复原的车辕也必须有依托物支撑才能和残余的另一侧车辕对接；3）在粘接前用酒精将残余端的车辕清洗一下，为下一步粘接做准备。然后根据车厢板的高度将泡沫板切成一定的尺寸作为车辕粘接的依托物，一切准备就绪后，选用914环氧树脂胶按照一定的比例调好，分别涂抹在两个车辕的断面，将复原的车辕与残余的车辕稍加用力合拢对接，并将多余的胶液用无水乙醇擦去，待其固化，一侧车辕残缺部分的补配、粘接、复原完成，另一侧折断车辕的粘接也参照此法。

第 7 节　缓蚀、封护

科学认知病害的目的是为了了解青铜器腐蚀机理与形态，脱盐和有害锈去除的目的是为了有效的保护文物，缓蚀、封护的目的则是为了控制、防止或减缓青铜器腐蚀。

铜牛车的缓蚀，选用了 1%（W/V）BTA[①] 水溶液和 3%（W/V）BTA 乙醇溶液作为缓蚀剂。为了避免因涂刷过程中造成的不均匀现象，铜牛车采用了整体浸泡的缓蚀方法，使 BTA 与青铜器表面充分接触反应。缓蚀处理分两步进行：

1）把器物浸泡在 1% 的 BTA 水溶液中进行缓蚀处理，时间为 48h。鉴于青铜器长期浸泡在 BTA 乙醇溶液的过程中，乙醇挥发会造成溶液浓度增大，直接影响缓蚀后器物的外观。因此较长时间的浸泡液的配制中选择了 1%（W/V）BTA 水溶液，用少量乙醇溶解 BTA 后，用蒸馏水稀释至所需体积。

2）将青铜器完全浸泡在 3% 的 BTA 乙醇溶液中 30s 后取出，自然干燥，待乙醇挥发完毕，二次浸入溶液中，20s 后取出，自然干燥，再次待乙醇挥发完毕后，观察如未出现白色针状物质，可第三次浸入溶液中，步骤同上。然后将青铜器取出，强制干燥，缓蚀效果以最后一遍自然干燥后，不出现白色针状物为好。

铜牛车表面防护剂选用了 Paraloid B72。铜牛车封护剂的配比：以丙酮作为溶剂，配成 3%（W/V）的 Paraloid B72 溶液。

封护时将铜牛车浸入 Paraloid B72 溶液 30s，取出，自然干燥 30min 后，再将青铜器浸入 Paraloid B72 溶液 10s 后取出，自然干燥。

---

① BTA 是含有三个氮原子的杂环化合物，白色针状结晶，溶于乙醇、苯等有机溶剂，微溶于水（常温下溶解 1.98%），是铜及其合金在中性水介质中的特效缓蚀物质. BTA 不仅能与青铜器中铜交替结合，形成不溶于水及部分有机溶剂的比较牢固的透明覆盖膜，提高青铜器的抗腐蚀性能，也可与一、二价铜盐络合形成保护膜，有效的防止青铜器及其表面锈蚀受到腐蚀. 另外，经 BTA 处理过的青铜器的外观，质感都不会发生明显的变化，提高青铜器的抗腐蚀性能的原因已得到国内外文物保护者的认同.

第8节　随　色

经过了前面的整形、焊接、补配，到了铜牛车随色①的环节。通常青铜器的锈蚀包含三种情况，一种是只带有漆古地子没有锈蚀的，另一种是只带有锈蚀没有地子的，第三种情况是即有地子又有锈蚀的。如果没有地子，那就从最下面的锈蚀做起，如果有地子，那首先就要先做地子，再做锈蚀。无论如何随色都要从最底层做起，然后根据器物的颜色一层层往上做，达到自然流畅的效果。铜牛车的随色属于只带有锈蚀没有地子的情况，需采用传统方法，对整形、焊接、补配、粘接过程中暴露出来的痕迹通过画、喷、涂、点、抹等技法进行修饰、遮盖，使其与周边的衔接浑然一体。为了达到更好的效果，在随色前还要做一些准备工作。1）将焊接车轴时高出基体的焊道用打磨机均匀地打磨掉，对于一些打磨机无法到达的车轴与车舆结合的部位，可使用刮刀、锉刀等工具铲平、锉平，使其平整地与周边对接。2）焊道清理完后，要用毛笔蘸清洁溶液在焊道上描一遍，使它的色泽暗淡，变成不露光泽的黑灰色，然后用纯净水冲洗干净晾干。3）用原子灰调上和器物相近的颜色，作为装饰腻子将原有焊道及补配后还有缝隙的地方补平，待固化后用水砂纸反复打磨，直到符合随色的标准。对于牛后臀部暴露的范土，用原子灰调上绿颜色将其补平。4）用虫胶漆在焊道处涂抹一遍，用来增加随色时颜色对器物的附着力。

铜牛车的随色因为没有地子的形成，所以采用了一般传统随色的方法，由于锈蚀比较严重，呈现出的是疙疙瘩瘩的状况。为了表现这一效果，用调

---

①　随色是文物传统修复中一项技术性很强的一道工艺程序，一件文物修复的好坏，达到怎样的效果，全在这道工序中体现出来，它是对焊接、补配、复制过程中暴露出来的痕迹通过画、喷、涂、点、抹等技法进行修饰、遮盖，使其与周边的衔接浑然一体（陈仲陶. 赴香港修复文物纪实. 文物修复研究，北京：民族出版社. 1999：227.），它不同于中国国画的绘画技法，也不同于西方油画的绘画技法，这种独特的中国青铜器随色的着色方法，其工艺要求高、难度大，操作自成系统（周宝中主编. 文物修复和辨伪，郑州：大象出版社，2007.），前面的工序固然重要，必不可少，但是在随色阶段，它的表面效果如何，很大程度上取决于这道工艺，它的目的是使修复过的地方不露痕迹，颜色、花纹与周围衔接的地方浑然一体，既要颜色一致，又要做出质感效果，具有使修复复原部位与原残损部位衔接得天衣无缝的特点，在某种程度上可谓是只可意会不可言传，是我国青铜文物修复传统中必不可少的一项工艺.

刀将虫胶漆和各种矿物颜料调成稠一些的腻子，不一定非要将颜色调得非常均匀，而是人为地暴露出一些色彩的分界。用棉签蘸上调好的腻子在需随色的面上滚动，或者用调刀直接将腻子涂抹在上面，然后用牙刷在抹好的腻子上下击打，形成一层既有一定厚度的又有自然质感的生锈，达到疙疙瘩瘩的效果。然后在整体宏观的色调上根据锈蚀的起伏、色彩变化、明暗对比等因素以及绿色锈蚀中还包含有蓝色、黄色等其他的颜色无规律地分布在其间的具体情况，用油画笔调取各种矿物颜料采取弹、拨、崩等技法并随时调整手法，达到整体和谐的效果。

第5章 敦煌南湖乡林场出土东汉铜牛车
保护修复讨论与思考

南湖乡林场铜牛车的保护修复工作以国家文物局颁布的《馆藏金属文物保护修复方案编写规范》、《馆藏金属文物保护修复档案记录规范》、《馆藏青铜器病害与图示》标准为指导思想，是现代科学的保护技术与传统的修复工艺有机融合与紧密结合较为成功的实例。

保护修复方案的制定中以对文物基本信息的收集和保存现状的科学评估为前提，确定保护修复工作目标和制定相关技术流程；在保护修复过程中运用科学的检测手段对青铜器的腐蚀产物、基体成分进行了结构、成分、微区形貌等分析与观察，通过对器物上不同青铜病害形貌与分布特点，绘制文物病害图并依照《馆藏金属文物保护修复档案记录规范》标准将保护修复的全过程做以记录。

南湖乡林场铜牛车的保护过程中给以我们的启示是，虽然保护中使用的技术均为成熟的方法，但在具体的实施中我们有以下几点认识：

1）保护修复中，应根据青铜病害的形貌与特征（点蚀、瘤状物、层状堆积、粉状锈等）采用不同的技术手段去除。

2）在对同一病灶腐蚀产物去除时，采用物理与化学相结合的方法施治。

3）不同价态的有害锈去除时，应在机械除锈的基础上，根据锈蚀分布与叠加程度选择单一与复合试剂来进一步去除。

4）为了保证脱出可溶盐和除锈工作的顺利进行，在文物保护的过程中，简便易行的分析检测手段应贯穿始终。

这件铜牛车的修复经历了整形、焊接、补配、随色等工艺流程，在每个环节中，都留有一些值得讨论和思考的地方。青铜器的整形过程中经常会遇到各种各样不同的情况发生，随着所面对的情况的变化，也要进行调整，这也是一种原则性和灵活性的综合运用。在铜牛车的整形过程中也有类似的情况发生，如车轮与车厢板的整形，从表面现象上看，应该采用捶击法、撬压法，但是如果不是针对一件具体的文物去具体分析，不了解其他的诸如锈蚀的程度如何，是否具有金属性以及金属性的大小，甚至无视车轮与车厢锈死在一起的事实，就匆忙上手，那后果可想而知。因为铜牛车这件具体的文物在实施过程中情况有了变化，单用一种方法是不能解决问题的，只有根据具体的情况来调整原有的方案，即灵活地采用先将车轮与车厢板分开后再整形的办法。

中国古代青铜器的整形有多种多样的方法，面对的情况多种多样，掌握起来具有一定的难度，但这并不是不可逾越的障碍；我们在掌握一定方法的基础上要多观察多分析器物的具体情况，将各种方法与实际结合起来，要将单一的方法和多变的具体情况有机组合，灵活地运用到每件具体的文物中去，医治好文物的创伤才是我们的最终目的。对于文物来说，没有一个绝对的唯一的标准，只有一种标准，那就是最适宜它的保护修复标准。

南湖乡林场铜牛车的修复既要遵守保护修复的理念、原则，同时又要在修复实践中灵活运用多种多样的工艺、方法，如何将二者有机地结合起来，这就需要在实践中根据具体的情况，调动所有的知识储备和经验积累。铜牛车的修复可以采用焊接方法也可以采用粘接方法，到底采用哪种方法，应依照实际情况有选择的使用，这两种方法没有好坏之分，只有是否适合。这件铜牛车的车轴与车舆之间的组合方式比较特殊，二者原来是用铆接的方法组合的，如果还用铆接的方法，那会在捶击敲打过程中，这部分很可能会因为受到振动的影响而产生意想不到的后果；这时焊接就是最好的方法，把原来铆接的结构灵活地改为焊接，避免了因不当的方法造成器物再度受损。车辕部分由于没有了金属的性质，就采用了粘接的方法，对它来说粘接就是最好的方法，也是最适宜的方法。这就像中医治病一样，是用"辨证施治"的手段，而不是套用某一个固定的模式，来达到医治文物创伤的目的。

青铜器的补配方法同样多种多样，往往是根据当时修复对象的具体情况及所处的环境、条件因地制宜的采用相应的方法，往往经验性的东西起着很大的作用，这是青铜器修复的特点之一，完全采用一种固定的方法比如用石膏翻制模具已经不适合了，所以用多用修补胶棒翻制车辕的方法对于铜牛车来说就是最适宜的方法。

　　青铜器的随色除了要掌握相关的工艺方法之外，还要遵循"文物的可辨识性"原则。具体到铜牛车的应用上，就是在器物的外侧也就是陈列展示的一面，将修复过的痕迹做到和周边的锈蚀浑然一体，但在器物的内侧也就是展示不到的一面，采用了"内外有别"的方法，也做了锈蚀，但这种锈蚀经仔细观察，还是能够辨识出来，这样就给科技研究人员的研究留有了余地，不会因为锈色做得天衣无缝而给他们造成误导从而做出错误的判断[①]。铜牛车的随色就是遵循了这一原则，使这些残损的文物最终恢复了原状。

---

① 莫鹏. 试论青铜文物修复传统工艺的继承与改革. 文物修复研究. 北京：民族出版社，1999：148.

第6章　敦煌南湖乡林场出土东汉铜牛车保存环境控制建议

博物馆保存环境中温度、湿度、有害气体等因素对室内金属文物的长久保藏有着至关重要的影响，其中温湿度是文物保存环境中的两项重要质量指标，它们既有其独立的影响又有相互关联所起的复合影响。我国目前除上海博物馆等极少数博物馆有全年全天候中央空调设施，大多数大型博物馆都是按季节设有集中供暖或供冷系统，一般集中供暖或供冷时间为白天，晚间停止，所以无论展厅还是文物藏品库，温湿度昼夜波动都比较大。这种状况循环往复，使文物始终处于不稳定的温湿度变化中，不可避免地会给文物安全稳定的保存带来影响。

金属文物的保存应以控制环境的预防性保护为主要措施。建议将保护修复后的铜牛车放置在相应囊匣中，存放于温度 15~20℃，相对湿度低于 40% 的稳定环境中。在宏观环境难以控制的条件下，可选用 RP 材料，即将青铜器保存在透明、密闭、除氧、干燥的特制塑料袋微环境中。如文物参加陈列展览时最好是放在具有密封效果的陈列柜里，同时在展柜中加入除湿材料，通过人为的调控措施，制造一个小环境来保证文物的相对安全，最大限度地降低环境因素对青铜器造成的损害。

附录1　敦煌南湖乡林场出土东汉铜牛车保护前后对比图

附图 1-1　铜牛车保护修复前

附图 1-2　铜牛车保护修复后

附录2 敦煌南湖乡林场出土东汉铜牛车焊接、组合工作图

附图 2-1 车轴之间的焊接

附图 2-2 后、左、右车厢板之间的组合

附图 2 - 3　车辕的修复

附录3 敦煌南湖乡林场出土东汉铜牛车保护修复档案

项目名称　　甘肃省馆藏青铜器修复保护项目

文物名称　　　　　铜牛车

2008 年 7 月

中华人民共和国国家文物局制

文物保护修复基本信息表

文物名称	铜牛车			
收藏单位	敦煌市博物馆	文物登录号	2349　3－230	
文物来源	敦煌市南湖乡林场墓群 M4 出土	文物时代	东汉	
文物材质	青铜	文物级别	二级	
方案设计单位	中国国家博物馆	保护修复单位	中国国家博物馆	
项目名称	甘肃省馆藏青铜器修复保护项目	批准单位	国家文物局	
提取日期	2008 年 7 月	提取经办人	戴子佳、邓天珍、萧薇	
返还日期	2008 年 8 月	返还经办人	戴子佳、邓天珍、萧薇	

备注：

鉴定意见：2002 年 6 月 15 日，经甘肃省文物局委派 董彦文 、赵之祥、张东辉等文物鉴
　　　　定组确认为二级文物。

文物保存现状表

尺寸（cm）	车宽16.5cm、总长38cm、牛高14cm	重量（g）	3790.2g
文物保存环境	铜牛车保护修复前保藏在敦煌博物馆文物库房中，库房内无恒温恒湿设备。库房内四季平均温度为，春季：13℃，夏季：23℃，秋季：18℃，冬季：10℃（敦煌市博物馆提供）。		
病害状况	铜牛车，残缺，通体锈蚀，器物多处孔洞，牛体腐蚀较致密，锈蚀呈浅绿色、蓝绿色，牛脊处锈蚀坚硬，覆盖一层土锈，牛耳铆合在器身上，牛腿锈蚀严重，分层，腐蚀产物呈浅绿色和绿色。牛通体蓝绿色锈蚀颗粒状，浅绿色粉末状锈蚀较致密。后车板局部残缺，通体锈蚀分层呈现出深绿、浅绿、蓝绿色。菱形花纹处锈蚀呈浅绿色粉末状，蓝绿色锈蚀分布在不同的部位，较坚硬。车轮锈蚀严重，锈蚀以蓝绿、绿色、浅绿色为主，车辖锈蚀呈蓝绿色，较坚硬，车辐锈蚀分层，为绿色和浅绿色，车缘处锈蚀颜色分布不均，以蓝绿、绿色、浅绿色为主。车身通体锈蚀，湖蓝色坚硬颗粒锈蚀凸出于器物表面。		
原保护修复情况	无		

保护修复前

文物保护修复表

保护修复步骤

1. 采集影像资料（摄像、照相）
2. 文物基本信息记录
3. 文物保存现状记录（建立保护修复档案、病害图示记录、病害图像记录）
4. 清除表面硬结物（机械与化学材料去除）
5. 脱除可溶盐
6. 清除有害锈（机械与化学材料去除）
7. 整形（捶击法、撬压法、机械分割法）
8. 焊接（镀锡法、直接对焊法）
9. 补配（翻制模具法、树脂补配法）
10. 缓蚀
11. 封护
12. 随色

保护修复所用材料、工具

　　工具：电炉、电热套、电磁炉、小电钻、喷砂机、电磨机、钢锯、电烙铁、錾子、小锤、锡锤、橡胶锤、木锯、各种锉刀、调刀、台虎钳、螺丝刀、各类修器、手术刀、微创牙挺、根管填充器、牙探、大视野放大镜等。

　　化学试剂（AR）：六偏磷酸钠、硝酸银、氧化银、乙醇、丙酮、碳酸钠、碳酸氢钠、锌粉、EDTA 二钠盐、BTA、丙烯酸树脂、双氧水、酒石酸钾钠、氢氧化钠、蒸馏水、硫脲等。

　　材料：焊锡，松香，竹签，914 环氧树脂胶，双组份胶，401 瞬干胶，多用修补胶棒，凡士林，绳子，各种磨头，砂轮片，各种型号油画笔，木方，各种矿物颜料（立德粉、砂绿、硃砂、章丹、红土子、黑烟子、栗色粉、地板黄等），虫胶漆，各种型号砂纸，水砂纸，定性滤纸等。

　　仪器：超声波洁牙机、超声波清洗机、手术显微镜等。

　　玻璃器皿：烧杯、量筒、试管、滴管等。

保护修复 后尺寸（cm）	牛身长：19.5cm、高：14.0cm、 车辕长：19.5cm 车轮直径：18.2cm		保护修复 后重量（g）	3875g	
完成日期	2008 年 8 月	保护修复人员	杨小林、王赴朝、 陈仲陶、赵家英、 李水鲜、王永生	审核	姚青芳

保护修复后

保护修复日志

文物名称	铜牛车	保护修复人员	杨小林、王赴朝、陈仲陶 赵家英、李水鲜、王永生	日期	2008 年 7 月 6 日 ~2008 年 8 月 12 日

2008 年 6 月 28 日　称重、量尺寸、照相、摄像

称重、量尺寸：千分之一天平称重，保护前铜牛车总重 3790.2g。

游标卡尺、皮尺测量铜牛车：牛长 19.5cm、牛高 14cm、左右车厢板长 17cm、车辕长 14cm，左右车厢板高 10cm、车宽 16.5cm、车轮外径 18.5cm、车辐长 6cm、后车厢板高 14.5cm。

照相：（D1X 尼康数码相机）

1. 对器物前、后、左、右等不同方位进行图像采集。

2. 对不同锈蚀区域、铸造信息、残缺、点腐蚀、层状堆积等病害处近距离采集图像。保护前共拍摄图片 68 张。

摄像：（MEGA 索尼摄像机）

拍摄时以铜牛车的腐蚀状况、完残程度、铸造信息、制作工艺为主要目标，多视角、多角度地采集动态图像，在摄影中配以摄影者的画外音，力求将保护修复者的第一直观感受真实的记录下来。录制时间约 15min。

2008 年 6 月 29 日　建立铜牛车保护修复档案

依据国家文物局颁布的《馆藏金属文物保护修复档案记录规范》标准记录格式、将文物名称、收藏单位、文物登录号、文物来源、文物时代、文物材质、文物级别、提取日期、提取经办人、返还日期、返还经办人、保存现状、病害状况等基本信息，填写在文物保护修复基本信息表和文物保存现状表等表格中。

2008 年 6 月 30 日　氯离子硝酸银定性分析

保护前采取牛身、牛体、车辕、车舆以及左、右、后车厢板，车毂与车辐上少许湖蓝色、绿色、草绿色、浅绿色锈样和牛臀部范土样品。

将样品放置在 10ml 的试管内，用洗瓶沿试管内壁冲洗后，加入 2~3ml 6mol HNO_3，酸化数 min 后的部分实验现象如下：1）牛身右侧湖蓝色块状锈蚀，酸化后溶液清澈。2）牛后腿上草绿色锈蚀，酸化后溶液略有浑浊。3）牛臀部土样溶于蒸馏水中溶液浑浊，用定性滤纸过滤两遍后溶液清澈。4）车辐中分层部位浅绿色锈蚀酸化后溶液清澈。

加入 0.1mol $AgNO_3$ 1~2 滴后，实验现象如下：1）牛身右侧湖蓝色块状锈蚀溶液清澈。2）牛后腿上草绿色锈蚀，有白色絮状物生成，3）过滤后的牛臀部土样溶液中有白色絮状物。4）车辐中分层部位浅绿色锈蚀溶液中有大量白色絮状沉淀物质。11 个锈蚀样品硝酸银定性分析有以下三种实验现象：1）溶液浑浊，有大量白色絮状沉淀物生成。2）溶液轻微浑浊，呈乳白色。3）溶液清澈，只呈现铜离子的颜色。

2008 年 7 月 1 日　机械方法去除点蚀、瘤状物、表面硬结物

运用小型打磨机、手术刀，机械去除，经硝酸银定性为有害锈蚀的病灶、附着土和表面硬结物。坚硬锈蚀处用 pH = 9.5% （W/V） EDTA 二钠盐软化后再使用机械方法去除。具体操作如下：

车厢板点蚀处的有害锈用微创牙挺剔除。

牛身上和牛颈下方的瘤状物用小凿子将疱体击碎后，再采用剔和剜等手法去除。靠近基体的腐蚀区用超声波洁牙机配合完成。

车轮、车辐分层处和车厢板表面的粉末状的有害锈，先用手术刀、小铲刀等工具将表面疏松的锈蚀剔除，较坚硬的表面锈用小凿子轻轻敲击，待其震动疏松后去除，靠近内层的有害锈，则需要小型打磨机、超声波洁牙机配合清除。

牛腿和车轮等部位层状剥离病害处锈蚀的去除，首先选择錾刀和刻字机进行手工除锈，用錾刀在病害部位轻轻敲击，待锈蚀层松动后，用刻字机通过振动将层状锈蚀物质去除。

车毂与车辐连接处层状堆积的腐蚀产物则完全用超声波洁牙机机械剔除的。

2008 年 7 月 3 日　冷热交替和超声波法脱盐

运用冷热交替法和超声波法脱出铜牛车锈蚀内部的可溶盐，以达到去除可溶盐中侵蚀性氯离子和硫酸根离子的目的。

车辕等腐蚀严重的部件采用冷热交替法脱盐，并定时分为 8 次分析脱盐溶液，在脱盐过程中应用硝酸银定性法对蒸馏水空白样进行检测。一个空白样带一个试样。

提取的第一个样品因溶液浑浊，过滤。将 10ml 留取的蒸馏水和 10ml 样品 1 分别倒入 25ml 试管中，加入 0.1mol $AgNO_3$ 2 滴后，空白样溶液清澈，样品 1 溶液浑浊，有少量白色絮状沉淀物。其他试样的实验现象如下：样品 2，溶液浑浊，有白色絮状沉淀物。样品 3，溶液浑浊，有白色絮状沉淀物。样品 4，溶液浑浊，有少量絮状沉淀物。样品 5，溶液浑浊，呈乳白色。样品 6，溶液轻微浑浊。样品 7，溶液清澈。样品 8，溶液清澈。

经过 60h 的冷热脱盐后，浸泡液中的氯离子浓度低于 4ppm。冷热脱盐工作结束。

保存完整的车厢板采用超声波脱盐。将车厢板放入 KH3200B 超声波清洗机中进行脱盐，经过十几 min 的超声波脱盐后，再采用室温下静置脱盐。24h 后，静置脱盐的浸泡液经硝酸银定性分析，溶液清澈。脱盐后的车厢板等部件用电吹风机强制干燥。

2008 年 7 月 6 日　化学方法去除车厢板点蚀处有害锈

车厢板点蚀处残余的有害锈去除，选择了酒石酸钾钠作为除锈剂。

2008 年 7 月 7 日　瘤状物处残留有害锈的化学除锈

牛身上和牛颈下方瘤状物的化学除锈，选用了 pH = 8.10% （W/V） EDTA 二钠盐，5% （W/V） 硫脲和 10% （W/V） EDTA 复合溶液和锌粉还原方法分部完成。

2008 年 7 月 9 日　　车轮、车辐分层处硬结物的化学除锈

车轮、车辐分层处的泥土与铜锈交织在一起的病害区域，选择了对钙镁离子络合效果较好的 10%（W/V）六偏磷酸钠〔$(NaPO_3)_6$〕软化后机械去除。

2008 年 7 月 10 日　　车轮、车辐分层处、车厢板上粉末状有害锈倍半碳酸钠转化

腐蚀矿化严重的车轮、车辕等部位粉末状有害锈的倍半碳酸钠转化，主要采用静置方法，其他部件运用了超声波清洗技术。

将车轮、车辕以静置的方式浸泡在 35℃，5%（W/V）的倍半碳酸钠溶液中，白天每隔 2~3h 搅拌一次，168h 更换溶液。定时对浸取液定性分析。鉴于铜牛车各部件体积小，白天浸泡溶液的容器可在保温套中保持温度，晚上浸泡液的温度同室温。

车厢板上有害锈的转化选用超声波深度清洗法和静置浸泡法。将车厢板放在 KH3200B 超声波清洗机中，加入 5%（W/V）倍半碳酸钠溶液，温度调至到 40℃，时间为 5min，5min 后取出车厢板，静置 15min，二次放入超声波清洗机前，将车厢板放在蒸馏水中用毛刷刷洗表面残留物，之后，同等条件再进行超声转化。深度清洗 3 次后，经过 15min 超声波转化后的器物再转为倍半碳酸钠静置法继续进行转换反应。

在锈蚀转换的过程中对溶液中浸出的氯离子进行定性分析，是十分必要的。分析结果将直接指导下一步的保护工作。虽然被检测溶液中存在着干扰离子，而被检测的氯离子又相对较少，这样使得定性反应条件控制难度增大，有的试样分析现象不太显著，但作为定性分析，其结果仍可对整个转换过程提供参考。

由于待分析中的倍半碳酸钠溶液中含有 CO_3^{2-}、HCO_3^-、Cl^-，加入硝酸银（$AgNO_3$）后，生成的白色沉淀中包含有氯化银（$AgNO_3$ 白色）、碳酸银（Ag_2CO_3 白色）、碳酸氢银（$AgHCO_3$ 白色）。为了排除碳酸银和碳酸氢银的干扰，利用碳酸银和碳酸氢银易溶于酸，而氯化银微溶于酸中的化学性质，加入过量的硝酸后可将碳酸盐溶解。为了正确判断分析结果，硝酸银定性分析中增加了空白和对照试验。具体分析步骤如下：

1）空白试验：（用蒸馏水代替试液，用同样定性方法进行试验，检测蒸馏水和试剂中是否含有被检测离子）

取 5ml 蒸馏水，加入 2~3ml 6mol HNO_3，滴加 0.1mol $AgNO_3$ 2 滴。

2）对照试验：（用已知溶液代替试液，用同样定性方法进行鉴定，检测反应条件是否控制正确）

取未参加反应的 5%（W/V）倍半碳酸钠 5ml，加入 0.1mol $AgNO_3$ 10 滴，生成的白色沉淀过滤。将白色沉淀物置于 50ml 烧杯中，逐滴滴加 6mol HNO_3，直至白色沉淀溶解。

3）样品：提取 10ml 浸泡液，过滤，以去除溶液中夹杂的固体物。取滤液 5ml，倒入试管中，加入 0.1mol $AgNO_3$ 10 滴，生成白色沉淀，过滤。将白色沉淀物置于 50ml 烧杯中，逐滴滴加 6mol HNO_3（硝酸的滴加量在对照试验的基础上多加 3~5 滴），如白色沉淀全部溶解，可认为浸泡液无氯离子，如烧杯内仍有白色沉淀物，可视为浸泡液中含有氯离子。

2008 年 7 月 29 日

将浸泡在倍半碳酸钠溶液中的车辕、车轮、铜牛等部件用蒸馏水刷洗多次，直至 PH 为中性。电热吹风机强制干燥。再置入 1%（W/V）BTA 水溶液中浸泡。

2008 年 8 月 4 日

144h 后将铜牛车各部件，从 1%（W/V）BTA 水溶液中取出，清洗，强制干燥。

2008 年 8 月 5 日 整形

先用捶击法、撬压法进行车轮与车厢板的整形，在前期捶击法、撬压法效果不好的情况下，采用了先将车轮与车厢板分开后再整形的方法，用錾子一点点地剔除二者之间的锈蚀，在剔除到一定程度后，錾子的空间受到一定限制，所以采用电磨机带动砂轮片切割剩余的连接点，直至完全分离。车轮与车厢板分开后，用撬压法的工艺对车轮进行整形，一只手向内，一只手向外，同时发力，一点一点地纠正，边施加力边观察车轮的角度，直到车轴与车轮之间形成 90°夹角为止。

2008 年 8 月 6 日 焊接

车轴与车舆的焊接采用了镀锡法，将两面分别锉出新口并镀上锡后，再将方形车轴与车舆叠压在一起靠烙铁的温度将锡溶化后形成焊接，然后将折断的另一段已锈死在车毂部分中的一截车轴焊接，在焊接过程中随时观察车轮与地面的角度，直至完全焊接好。

2008 年 8 月 7 日 粘接

车辕部分不能用焊接的方法，因为这部分没有金属性，不具备焊接的条件，所以用粘接的方法，在粘接之前，先要在完整的车辕处翻制模具，用多功能修补胶棒当做翻模的材料，切取一段棒胶揉捏均匀并碾成片状后贴在车辕的一侧，待其固化后，再截取一段多用修补棒胶按上述方法贴在车辕的另一侧，固化后将两块模具从车辕处取下，将调好的 914 环氧树脂胶分别倒入两个模具中，合上模具用绳子捆紧待其固化，然后再将复原的车辕与残余的车辕分别粘接。

2008 年 8 月 8 日 缓蚀

先将器物浸泡在 1% BTA 的水溶液中进行缓蚀处理，时间为 48h。再将铜牛车完全浸泡在 3% 的 BTA 乙醇溶液中 30s 后取出，自然干燥，待乙醇挥发完毕，二次浸入溶液中，20s 后取出，自然干燥，再次待乙醇挥发完毕后，观察如未出现白色针状物质，可第三次浸入溶液中，步骤同上。缓蚀效果以最后一遍自然干燥后，不出现白色针状物为好。

2008 年 8 月 10 日　封护

　　将铜牛车各部位浸入 3% Paraloid B72 溶液，30s 后取出，自然干燥（30min），二次浸入 Paraloid B72 溶液中，10s 后取出，自然干燥。

2008 年 8 月 11 日　随色

　　采用传统随色方法，对焊接、补配、粘接过程中暴露出来的痕迹通过画、喷、涂、点、抹等技法进行修饰、遮盖，使其与周边的衔接浑然一体。

　　由于锈蚀比较严重，呈现出的是疙疙瘩瘩的状况。为了表现这一效果，用调刀将虫胶漆和各种矿物颜料调成稠一些的腻子，不一定非要将颜色调的非常均匀，而是人为地暴露出一些色彩的分界，用棉签蘸上调好的腻子在需作旧的面上滚动，或者用调刀直接将腻子涂抹在上面。然后用牙刷在抹好的腻子上上下击打，形成一层既有一定厚度的又有自然质感的生锈，达到疙疙瘩瘩的效果，并随时调整手法，采取弹、拨、崩等技法，达到整体和谐的效果。

2008 年 8 月 12 日　称重、量尺寸、照相、摄像

　　称重：千分之一天平称重，保护后铜牛车总重 3875g。

　　游标卡尺、皮尺测量：牛身长：19cm、高：14.0cm、车辕长 19.5cm、车轮直径：18.2cm。

　　照相：保护修复后共拍摄图片 49 张。

　　摄像：保护修复后录制时间约 15min。

文物保护修复验收表

自评估意见：

　　南湖乡林场铜牛车保护修复前，运用科学的检测方法，对器物不同部位的锈蚀产物、基体等进行系统分析。在对其科学、艺术和历史价值内涵揭示和认知的基础上制定出除锈、脱盐、有害锈转化、缓蚀、封护和整形、焊接、粘接、补配、作旧等保护修复步骤。

　　保护修复中将科学的保护方法与传统的修复技术相结合，遵循修旧如旧和最小干预等基本原则，成功地保护了这件残损严重的青铜器，恢复了它原有的风貌，使其历史、艺术价值得以充分体现。

　　文物保护工作者将理论与实践相结合的模式与理念融入到了东汉铜牛车的保护修复过程中，是文物保护和科技考古两个知识层面相互渗透、融合的可喜尝试，也是现代科学的保护技术与传统的修复工艺有机结合与紧密连接较为成功的实例。

2008 年 8 月

验收意见：

　　2008 年 8 月，甘肃省文物局邀请有关专家，对"甘肃省馆藏青铜器修复保护项目"进行了验收，专家认真听取了省文物局的工作报告和国家博物馆科技保护中心的技术报告，考察了部分保护修复的青铜文物。经过认真讨论，验收意见如下：

　　一、甘肃省文物局高度重视文物保护工作，认真组织了全省青铜文物保存状况的调查，并邀请国家博物馆文物科技保护研究中心完成了 333 件一、二级青铜文物的保护修复，是一项很有意义的工作。

　　二、国家博物馆文物科技保护研究中心组织队伍深入第一线，以认真的科学态度，将传统修复工艺与现代保护技术相结合进行有效的修复保护，工作做的全面到位，保护效果良好。

　　三、通过该项目的实施，既有效地保护了一批珍贵文物，同时为地方培养了文物保护专业技术人员。

　　建议：应对该项目的管理模式、合作方式、传统修复工艺与现代科技保护相结合的方法以及在合作中培养人才的经验做全面的总结，以利于推广。

2008 年 8 月

文物保护修复前检测分析表1

编号	检测部位	样品描述	检测目的	检测方法	检测结果	检测单位
46	后车厢板	除锈后基体	基体成分	便携式能谱	Cu78.32%，Sn8.21%，Pb12.00%	中国国家博物馆
47	右车轮	除锈后基体	基体成分	同上	Cu89.44%，Sn3.84%，Pb5.75%，Fe%0.44	同上
48	车舆	除锈后基体	基体成分	同上	Cu82.31%，Sn5.25%，Pb11.25%	同上
49	车毂	除锈后基体	基体成分	同上	Cu89.35%，Sn1.74%，Pb8.64%	同上
50	车辐	除锈后基体	基体成分	同上	Cu84.58%，Sn5.21%，Pb8.95%，Fe%0.41	同上
51	车辕（长）	除锈后基体	基体成分	同上	Cu80.65%，Sn4.76%，Pb13.47%，Zn%0.35	同上
52	车辕（短）	除锈后基体	基体成分	同上	Cu83.04%，Sn3.92%，Pb10.76%，Fe%0.80，Zn%0.61	同上
53	牛体	除锈后基体	基体成分	同上	Cu77.60%，Sn6.05%，Pb15.66%	同上
54	牛耳	除锈后基体	基体成分	同上	Cu89.21%，Pb10.09%	同上
1	牛身右侧	湖蓝色块状锈	检测氯离子	硝酸银定性分析	溶液清澈，无氯离子	中国国家博物馆甘肃省考古所
44	牛左后蹄外侧分层处	绿色颗粒状锈	检测氯离子	同上	溶液浑浊，有大量白色絮状沉淀物，氯离子含量高	同上
3	牛颈背	浅绿色粉末锈	检测氯离子	同上	溶液浑浊，有大量白色絮状沉淀物，氯离子含量高	同上
4	牛前腿	湖蓝色块状锈	检测氯离子	同上	溶液清澈，无氯离子	同上
5	牛后臀	范土	检测氯离子	同上	溶液浑浊，有大量白色絮状沉淀物，氯离子含量高	同上
36	车辋	绿色粉末锈	检测氯离子	同上	溶液轻微浑浊，含有少量氯离子	同上
37	车毂	湖蓝色块状锈	检测氯离子	同上	溶液清澈，无氯离子	同上
35	车辋	绿色粉末锈	检测氯离子	同上	溶液浑浊，有大量白色絮状沉淀物，氯离子含量高	同上
38	车辐分层处	浅绿色粉末锈	检测氯离子	同上	溶液浑浊，有大量白色絮状沉淀物，氯离子含量高	同上

备注：便携式能谱分析：马燕如，韩英　　硝酸银定性分析：杨小林，邓天珍，张伟，弥卓君，庞萍，张治霞

文物保护修复前检测分析表 2

编号	检测部位	样品描述	检测目的	检测方法	检测结果	检测单位
11	车舆	草绿色块状锈	检测氯离子	硝酸银定性分析	溶液轻微浑浊，含有少量氯离子	中国国家博物馆
12	后车厢板正面	湖蓝色块状锈	检测氯离子	同上	溶液清澈，无氯离子	同上
10	左侧车厢板	湖蓝色颗粒状锈	检测氯离子	同上	溶液清澈，无氯离子	同上
29	后车厢板反面	浅蓝色块状锈	检测氯离子	同上	溶液清澈，无氯离子	同上
28	后车厢板正面	浅绿色粉末状锈	检测氯离子	同上	溶液浑浊，有大量白色絮状沉淀物，氯离子含量高	同上
56	牛后臀	黄色土	可溶盐中度蚀性阴离子	离子色谱定量分析	F^- 1.38ppm，Cl^- 25.22ppm，SO_4^{2-} 28.08ppm，NO_3^- 8.80ppm	同上
28	后车厢板正面	浅绿色	锈蚀成分	X荧光能谱分析	Cu94.32%，Pb4.88%，Fe0.228%，Ca%0.52	同上
29	后车厢板反面	浅蓝色	锈蚀成分	同上	Cu94.09%，Pb5.66%，Fe0.25%	同上
30	后车厢板正面	湖蓝色	锈蚀成分	同上	Cu92.48%，Pb5.67%，Fe1.05%，Ca0.80%	同上
31	车辕	浅绿色	锈蚀成分	同上	Cu89.40%，Pb8.24%，Fe0.30%，Cl1.43%，Ca%0.63	同上
32	车辕	深绿色	锈蚀成分	同上	Cu61.99%，Sn6.07%，Pb17.53%，Fe 1.43%、Cl12.97%	同上
33	车辕	蓝色	锈蚀成分	同上	Cu91.56%，Pb4.37%，Fe0.35%，Ca4.19%	同上
34	车辕	蓝色	锈蚀成分	同上	Cu91.56%，Pb7.44%，Fe0.22%，Ca0.78%	同上
35	车辐	绿色	锈蚀成分	同上	Cu96.95%，Pb2.87%，Fe0.18%	同上
36	车辐	绿色	锈蚀成分	同上	Cu81.23%，Pb1.57%，Fe0.16%，Cl17.05%	同上
37	车毂	湖蓝色	锈蚀成分	同上	Cu92.96%，Pb6.21%，Fe0.21%，Ca0.62%	同上
38	车辐	浅绿色	锈蚀成分	同上	Cu69.90%，Pb9.90%，Cl20.20%	同上
39	牛颈下	草绿色	锈蚀成分	同上	Cu86.92%，Pb12.82%，Fe0.27%	同上

备注：X荧光能谱分析：马燕如、王永生　离子色谱分析：胥婧、杨小林　激光拉曼分析：成小林　衍射分析：庞小丽等

文物保护修复前检测分析表 3

编号	检测部位	样品描述	检测目的	检测方法	检测结果	检测单位
40	牛颈下	蓝色	锈蚀成分	X荧光能谱分析	Cu95.61%、Pb1.52%、Fe0.26%、S2.61%	同上
41	牛颈凸出	蓝色	锈蚀成分	同上	Cu93.91%、Pb2.59%、S3.50%	同上
42	牛右后蹄底	蓝绿色	锈蚀成分	同上	Cu95.99%、Pb2.05%、Fe0.33%、S1.63%	同上
43	牛左后蹄分层	绿色	锈蚀成分	同上	Cu82.61%、Fe0.16%、Cl17.24%	同上
44	牛左后蹄外侧	绿色	锈蚀成分	同上	Cu64.52%、Pb12.35%、Fe0.56%、Cl12.44%、Ca1.65%、S8.42%	同上
45	车厢板顶部	浅绿	锈蚀成分	同上	Cu69.12%、Pb11.20%、Fe1.66%、Cl18.03%	同上
38	车辐	浅绿色	锈蚀结构	拉曼光谱分析	副氯铜矿	同上
36	车辋	绿色	锈蚀结构	同上	氯铜矿	同上
29	后车厢板反面	浅篮色	锈蚀结构	同上	蓝铜钠石	同上
30	后车厢板反面	湖蓝色	锈蚀结构	同上	蓝铜钠石	同上
37	车毂	湖蓝绿色	锈蚀结构	同上	蓝铜钠石	同上
32	车辕	蓝绿色	锈蚀结构	同上	蓝铜钠石	同上
32	车辕	深绿色	锈蚀结构	同上	氯铜矿	同上
43	左后蹄分层	绿色	锈蚀结构	同上	氯铜矿	同上
44	左后蹄外侧	绿色	锈蚀结构	同上	氯铜矿	同上
1	牛身右侧	湖蓝色	锈蚀结构	同上	蓝铜钠石	同上
28	后车厢板正面	浅绿色	锈蚀结构	X衍射分析	孔雀石、蓝铜钠石	北京大学微构分析检测中心
29	后车厢板反面	浅蓝色	锈蚀结构	同上	蓝铜钠石	同上
30	后车厢板正面	湖蓝色	锈蚀结构	同上	蓝铜钠石、一水碳酸钙	同上
备注						

文物保护修复前检测分析表 4

编号	样品名称	样品描述	检测目的	检测方法	检测结果	检测单位
31	车辕	浅绿色	锈蚀结构	X 衍射分析	孔雀石、蓝铜钠石、副氯铜矿	北京大学微构分析检测中心
32	车辕	深绿色	锈蚀结构	同上	氯铜矿、副氯铜石、水胆矾	同上
33	车辕	蓝绿色	锈蚀结构	同上	蓝铜钠石、一水碳酸钙	同上
34	车辕	蓝色	锈蚀结构	同上	蓝铜钠石、一水碳酸钙	同上
35	车辋	绿色	锈蚀结构	同上	孔雀石、蓝铜钠石、一水碳酸钙	同上
36	车辋	绿色	锈蚀结构	同上	氯铜矿、副氯铜石、水胆矾	同上
37	车毂	湖蓝色	锈蚀结构	同上	蓝铜钠石、一水碳酸钙	同上
38	车幅	浅绿色	锈蚀结构	同上	氯铜矿、副氯铜矿	同上
39	牛颈下	蓝色	锈蚀结构	同上	蓝铜钠石、一水碳酸钙	同上
40	牛颈下	草绿色	锈蚀结构	同上	孔雀石、蓝铜钠石	同上
41	牛颈凸出	蓝色	锈蚀结构	同上	蓝铜钠石	同上
42	右后蹄外侧	蓝绿色	锈蚀结构	同上	蓝铜钠石	同上
43	左后蹄分层	绿色	锈蚀结构	同上	副氯铜矿、氯铜矿	同上
44	左后蹄底	绿色	锈蚀结构	同上	副氯铜矿、氯铜矿、水胆矾	同上
45	车厢板顶部	浅绿色	锈蚀结构	同上	氯铜矿、氯化亚铜、羟基硫酸铜、赤铜矿	同上

附录4　敦煌南湖乡林场出土东汉铜牛车各级分析谱图

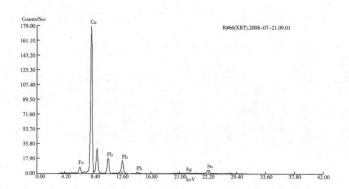

附图4-1　后车厢板基体成分便携式能谱谱图

（Cu78.32%、Sn8.21%、Pb12.00%）

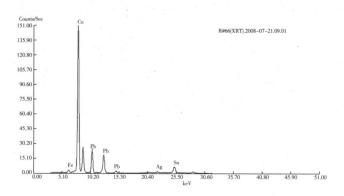

附图4-2　右车轮基体成分便携式能谱谱图

（Cu89.44%、Sn3.84%、Pb5.75%、Fe0.44%）

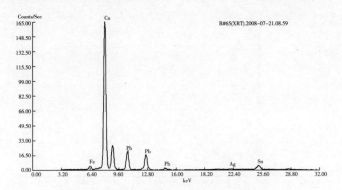

附图 4 - 3　车舆基体成分便携式能谱谱图

（Cu82.31%、Sn5.25%、Pb11.25%）

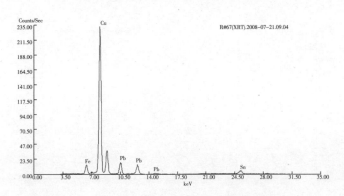

附图 4 - 4　车毂基体成分便携式能谱谱图

（Cu89.35%、Sn1.74%、Pb8.64%）

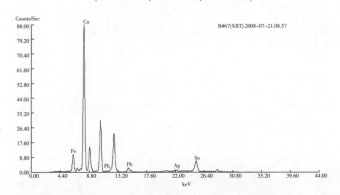

附图 4 - 5　车辐基体成分便携式能谱谱图

（Cu84.58%、Sn5.21%、Pb8.95%、Fe%0.41）

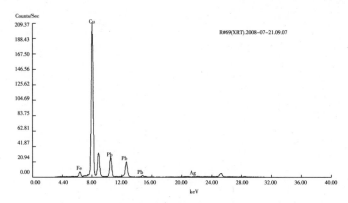

附图 4-6　车辕（长）基体成分便携式能谱谱图
（Cu80.65%、Sn4.76%、Pb13.47%）

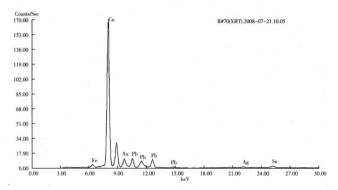

附图 4-7　车辕（短）基体成分便携式能谱谱图
（Cu83.04%、Sn3.92%、Pb10.76%、Fe%0.80）

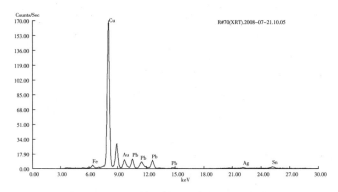

附图 4-8　牛体基体成分便携式能谱谱图
（Cu77.60%、Sn6.05%、Pb15.66%）

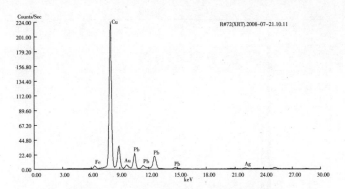

附图 4-9　牛耳基体成分便携式能谱谱图

（Cu89. 21%、Pb10. 09%）

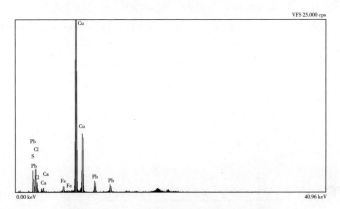

附图 4-10　左后蹄外侧绿色锈 XRF 谱图

（Cu64. 52%、Pb12. 35%、Cl12. 44%、S8. 42%、Ca1. 65%、Fe%0. 56）

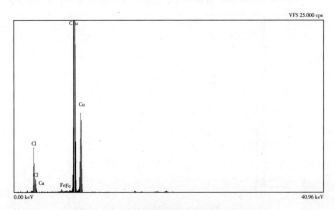

附图 4-11　左后蹄分层绿色锈 XRF 谱图

（Cu82. 61、Fe0. 16%、Cl17. 24%）

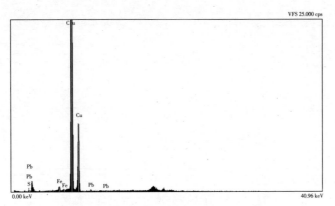

附图 4-12　　右后蹄底蓝绿色锈 XRF 谱图

（Cu95.99%、Pb2.05%、Fe0.33%、S1.63%）

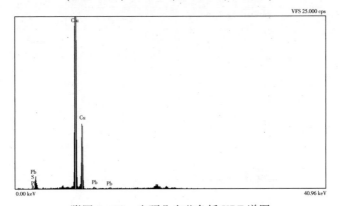

附图 4-13　　牛颈凸出蓝色锈 XRF 谱图

（Cu93.91%、Pb2.59%、S3.50%）

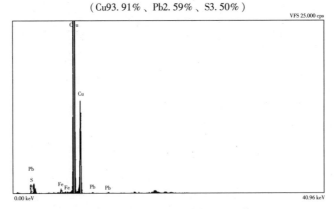

附图 4-14　　牛颈下蓝色锈 XRF 谱图

（Cu95.61%、Pb1.52%、Fe0.26%、S2.61%）

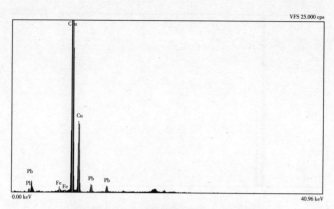

附图 4 – 15　牛颈下蓝色锈 XRF 谱图

（Cu86.92%、Pb12.82%、Fe0.27%）

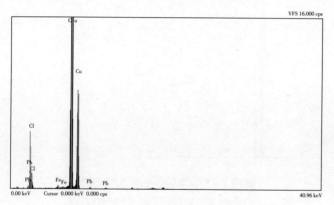

附图 4 – 16　车辐浅绿色锈 XRF 谱图

（Cu69.90%、Pb9.90%、Cl20.20%）

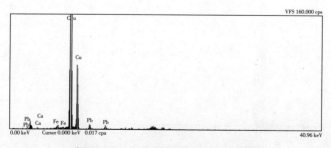

附图 4 – 17　车毂湖蓝色锈 XRF 谱图

（Cu92.96%、Pb6.21%、Fe0.21%、Ca0.62%）

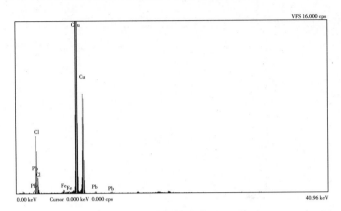

附图 4 - 18　车辀绿色锈 XRF 谱图

（Cu81. 23% 、Pb1. 57% 、Fe0. 16% 、Cl17. 05%）

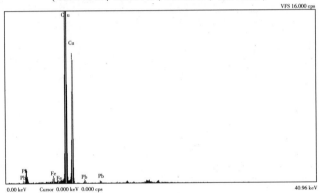

附图 4 - 19　车辀绿色锈 XRF 谱图

（Cu96. 95% 、Pb2. 87% 、Fe0. 18%）

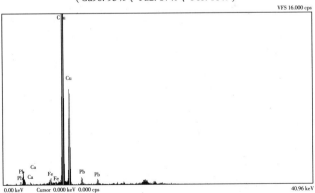

附图 4 - 20　车辕蓝色锈 XRF 谱图

（Cu91. 56% 、Pb7. 44% 、Fe0. 22% 、Ca0. 78%）

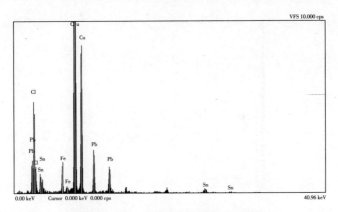

附图 4 – 21　车辕深绿色锈 XRF 谱图

（Cu61.99%、Sn6.07%、Pb17.53%、Fe1.43%、Cl12.97%）

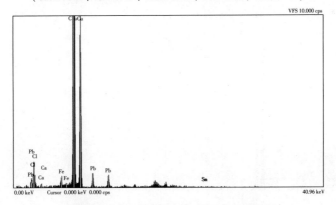

附图 4 – 22　车辕浅绿色锈 XRF 谱图

（Cu89.40%、Pb8.24%、Fe0.30%、Cl1.43%、Ca0.63%）

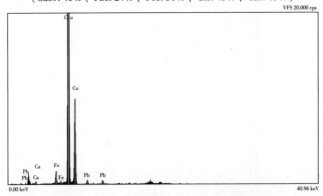

附图 4 – 23　后车厢板正面湖蓝色锈 XRF 谱图

（Cu92.48%、Pb5.67%、Fe1.05%、Ca0.80%）

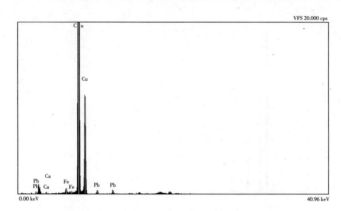

附图 4 - 24　后车厢板正面浅绿色锈 XRF 谱图

（Cu94.32%、Pb4.88%、Fe0.28%、Ca0.52%）

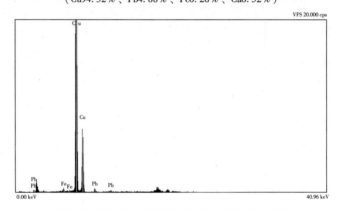

附图 4 - 25　后车厢板反面浅蓝色锈 XRF 谱图

（Cu94.09%、Pb5.66%、Fe0.25%）

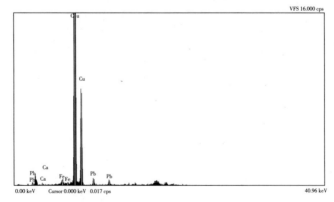

附图 4 - 26　车辕蓝绿色锈 XRF 谱图

（Cu91.56%、Pb4.37%、Fe0.35%、Ca4.19%）

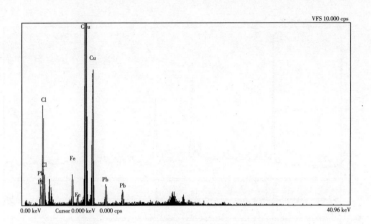

附图 4 - 27　车厢板顶部浅绿色 XRF 谱图

（Cu69.12%、Pb11.2%、Cl18.03%、Fe1.66%）

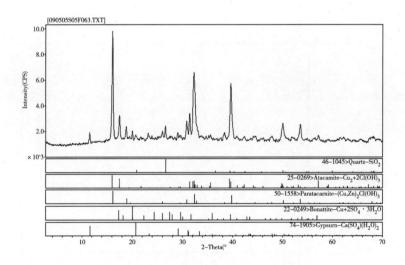

附图 4 - 28　左后蹄外侧绿色锈 XRD 谱图

（氯铜矿、副氯铜矿、水胆矾、羟基硫酸铜）

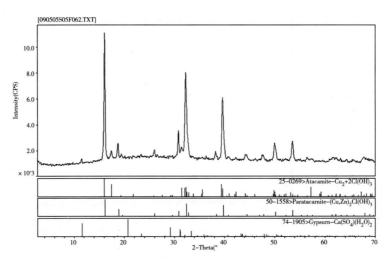

附图 4 - 29　左后蹄分层绿色锈 XRD 谱图

（副氯铜矿、氯铜矿）

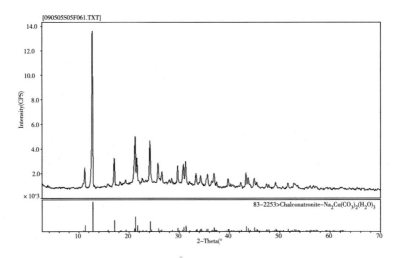

附图 4 - 30　右后蹄底蓝绿色锈 XRD 谱图

（蓝铜钠石）

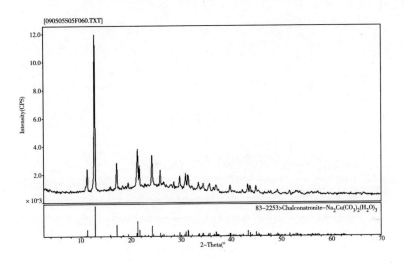

附图4-31　牛颈凸出蓝色锈 XRD 谱图

（蓝铜钠石）

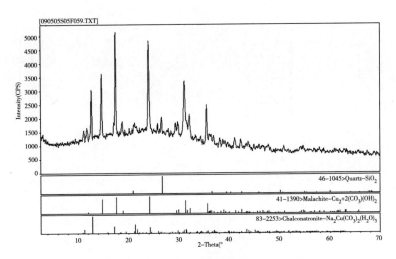

附图4-32　牛颈下蓝绿色锈 XRD 谱图

（孔雀石、蓝铜钠石）

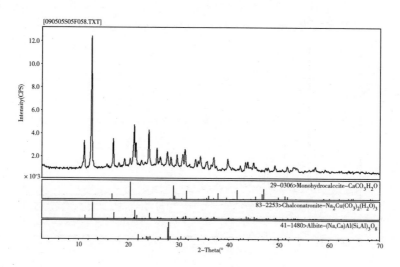

附图 4-33　牛颈下蓝色锈 XRD 谱图

（蓝铜钠石、一水碳酸钙）

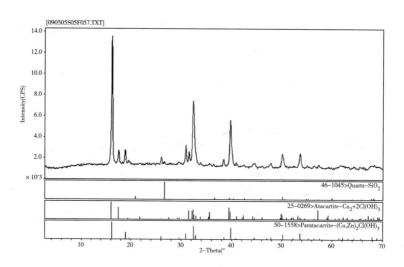

附图 4-34　车辐浅绿色锈 XRD 谱图

（氯铜矿、副氯铜矿）

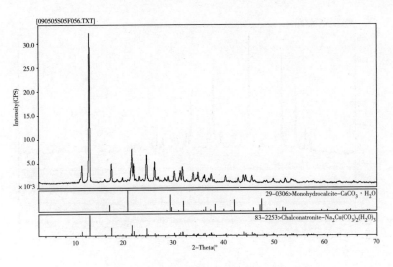

附图4-35　车毂湖蓝色锈XRD谱图

（蓝铜钠石、一水碳酸钙）

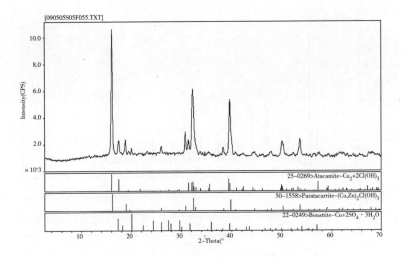

附图4-36　车辋绿色锈XRD谱图

（氯铜矿、副氯铜矿、水胆矾）

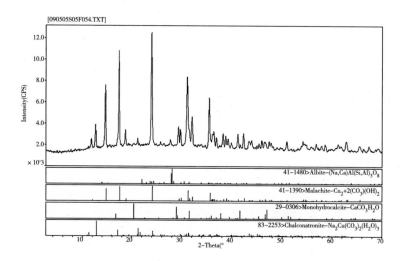

附图 4 – 37　车辋绿色锈 XRD 谱图

（孔雀石、蓝铜钠石、一水碳酸钙）

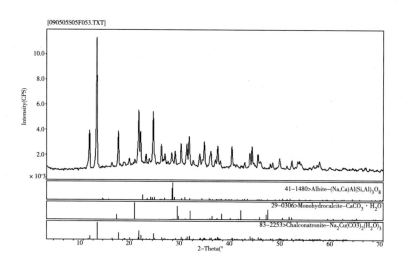

附图 4 – 38　车辕蓝色锈 XRD 谱图

（蓝铜钠石、一水碳酸钙）

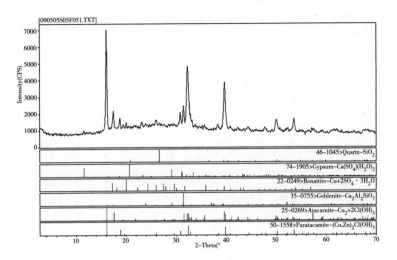

附图 4 – 39　车辕深绿色锈 XRD 谱图

（氯铜矿、副氯铜矿、水胆矾）

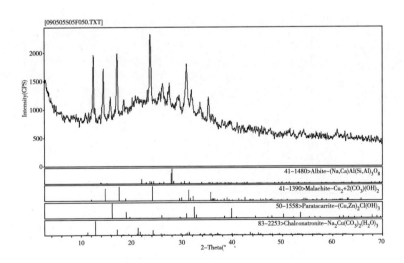

附图 4 – 40　车辕浅绿色锈 XRD 谱图

（孔雀石、蓝铜钠石、副氯铜矿）

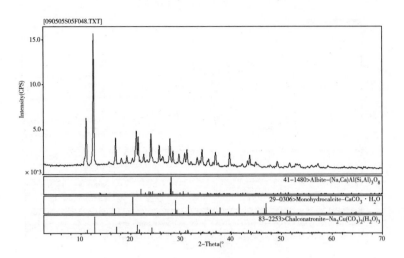

附图 4－41　车辕蓝绿色锈 XRD 谱图

（蓝铜钠石、一水碳酸钙）

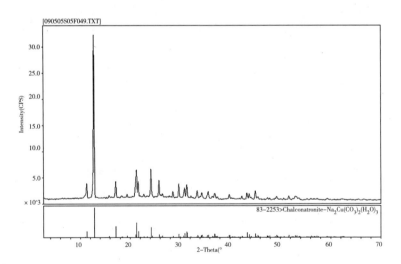

附图 4－42　后车厢板反面浅蓝色锈 XRD 谱图

（蓝铜钠石）

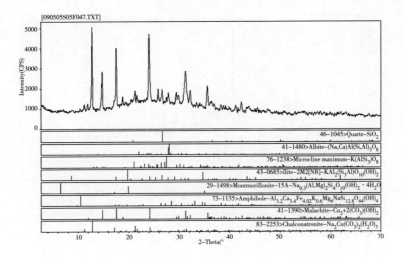

附图 4 - 43　后车厢板正面浅绿色锈 XRD 谱图

（孔雀石、蓝铜钠石）

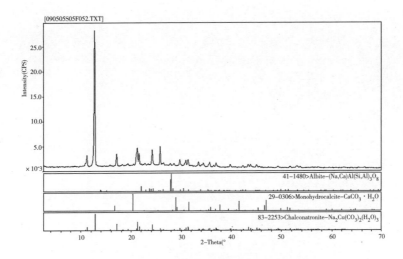

附图 4 - 44　后车厢板正面湖蓝色锈 XRD 谱图

（蓝铜钠石、一水碳酸钙）

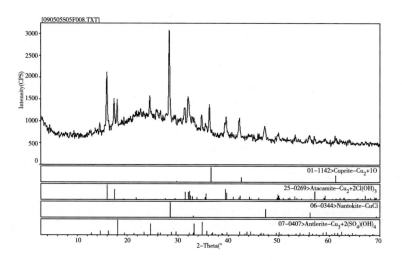

附图4-45　车厢板顶部浅绿色锈XRD谱图

（氯铜矿、氯化亚铜、羟基硫酸铜、赤铜矿）

参考文献

[1] 陈仲陶. 赴香港修复文物纪实. 文物修复研究，北京：民族出版社，1999.

[2] 甘肃文物局. 甘肃文物精华. 北京：文物出版社，2006.

[3] 国家文物局. 馆藏青铜器病害与图示. 北京：文物出版社，2008.

[4] 高英. 古代青铜器传统修复技术. 中国历史博物馆馆刊，1980，（2）.

[5] 甘肃省农业科学研究院. 河西地区土壤含盐量与植物生长的关系. 土壤通报，1960，（2）.

[6] 国家博物馆. 金属类文物的病害及其防治研究课题，2004.

[7] 李强. 东汉车制复原研究. 北京：科学出版社，1997.

[8] 陆寿椿. 重要的无机化学反应. 上海：上海科学技术出版社，1963.

[9] 李学垣. 土壤化学. 北京：高等教育出版社，2001.

[10] 马清林，等. 中国文物分析鉴定与科学保护. 北京：科学出版社，2001.

[11] 莫鹏. 试论青铜文物修复传统工艺的继承与改革. 文物修复研究，北京：民族出版社，1999.

[12] 潘路，杨小林. 超声波技术在文物保护研究中的应用. 文物修复与研究，北京：国际文化出版公司，1995.

[13] 孙机. 汉代物资文化资料图论. 北京：科学出版社，1990.

[14] 王生，等. 甘肃省土壤环境背景值特征及其分布规律. 甘肃环境研究与监测，1993，（3）.

[15] 杨俊. 敦煌南湖东汉墓清理简报. 陇右文博，2002，（15）.

[16] 杨小林，胥谞. 离子色谱（IC）在文物保护中的应用. 北京：科学出版社，2007.

［17］杨小林，李艳萍，胥谞，马燕如，马立治，王建平. 粉状锈在中性、弱酸性介质中溶解速率动态实验报告，文物保护与考古科学，2007，（2）

［18］周宝中主编. 文物修复和辨伪. 郑州：大象出版社，2007，（9）.

［19］北京科技大学冶金与材料研究所编. 中国冶金史论文集（第四辑）。北京：科学出版社，2006.

后 记

2008年8月13日,甘肃省文物局邀请有关专家,对"甘肃省馆藏青铜器修复保护项目"进行了验收,专家认真听取了省文物局的工作报告和国家博物馆科技保护中心的技术报告,考察了部分保护修复的青铜文物。会上专家一致认为,国家博物馆文物科技保护中心组织队伍深入第一线,以认真的科学态度,将传统修复工艺与现代保护技术相结合,对333件一、二级青铜文物进行了有效的修复保护,工作做得全面到位,保护效果良好。那一刻,我们悬着的心放下了。

"甘肃省馆藏青铜器修复保护项目"完成后,我们仍有一种意犹未尽之感。一直有种想法,想将这一保护修复项目的全过程记录下来,并书写成文与同行们交流。而回京后,由于繁忙的工作,这个愿望一直被搁置一边。

感谢国家文物局的领导,感谢国家博物馆潘路、姚青芳先生为我们提供了撰写平台,让我们可以静下心来梳理三年来的保护修复工作思绪,重新阅读和审视那一件件珍贵的历史文物。

《敦煌南湖乡林场出土东汉铜牛车保护修复报告》的编写素材,来源于我们亲手保护修复过的敦煌市博物馆二级青铜器"铜牛车"和亲自采样并分析检测的上百个数据与翔实的图片、影像资料。

因作者水平有限,呈现在读者面前的这部作品,会有这样那样的不足,但三年来在科学的保护方法与传统的修复技术有机结合的过程中所积累的实践经验让我们受益匪浅,字里行间流露出来的保护修复理念与保护修复方法相互渗透、相互融合的感受是真实的。

承蒙甘肃省文物局领导,原甘肃省文物局博物馆处 董彦文 、白坚、戴子佳等同志给予我们工作的支持,在此深感厚意。

感谢甘肃省考古所王辉先生、邓天珍女士,敦煌市博物馆萧薇女士、杨俊先生以及与这次项目相关的各文博单位给予我们工作提供的方便。

感谢中国国家博物馆科技部马燕如、王赴朝、李水鲜、韩英、胥谞、马立治、成小林、王博在保护、修复、分析检测、视频显微图片提供和绘图工作中的大力合作。

《敦煌南湖乡林场出土东汉铜牛车保护修复报告》由杨小林、陈仲陶、赵家英、王永生编写。具体分工如下：

第一部分　杨小林、陈仲陶；

第二部分　杨小林、王永生、赵家英；

第三部分　陈仲陶、赵家英、杨小林、王永生；

第四部分　保护章节　杨小林、王永生；

　　　　　　修复章节　陈仲陶、赵家英；

第五部分　杨小林、陈仲陶；

第六部分　赵家英、王永生。

《敦煌南湖乡林场出土东汉铜牛车保护修复报告》在编写中还得到了文物保护领域中的专家和各级领导的支持和指导，他们是王丹华、陆寿麟、周宝中、朱凤瀚、潘路、马清林、铁付德、梅建军等。国家文物局罗静、刘华彬、曹明成的大力支持，在此一并敬表谢忱。

2009 年 8 月 11 日